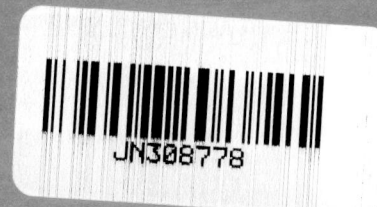

かごめかごめ

かごめかごめ
かごのなかのとりは
いついつでやる
よあけのばんに
つるとかめがすべった
うしろのしょうめんだあれ

(p.18・20)

ひとやまこえて

ひとやまこえて　ふたやまこえて
みやまのたぬきさん　たんたんたぬきさん
あそぼじゃないか
いまはごはんのまっさいちゅう
おかずはなあに
うめぼしこっこ
ひとくちちょうだい
いやいやしんぼ

(p.27・29)

桃太郎《ももたろう》

桃太郎《ももたろう》さん桃太郎《ももたろう》さん
お腰《こし》につけた黍団子《きびだんご》
ひとつわたしにくださいな

やりましょうやりましょう
これから鬼《おに》の征伐《せいばつ》に
ついて行《い》くならやりましょう

行《い》きましょう行《い》きましょう
あなたについてどこまでも
けらいになって行《い》きましょう

そりゃ進《すす》めそりゃ進《すす》め
一度《いちど》に攻《せ》めて攻《せ》めやぶり
つぶしてしまえ鬼《おに》が島《しま》

おもしろいおもしろい
のこらず鬼《おに》を攻《せ》めふせて
ぶんどりものをえんやらや

万々歳《ばんばんざい》　万々歳《ばんばんざい》
おともの犬《いぬ》や猿雉子《さるきじ》は
勇《いさ》んで車《くるま》をえんやらや

(p.59・61)

茶《ちゃ》摘《つ》み

夏《なつ》も近《ちか》づく八十八夜《はちじゅうはちや》
野《の》にも山《やま》にも若葉《わかば》が茂《しげ》る
「あれに見《み》えるは茶《ちゃ》摘《つ》みじゃないか
あかねだすきにすげの笠《かさ》」

日和《ひより》つづきの今日《きょう》此頃《このごろ》を
心《こころ》のどかに摘《つ》みつつ歌《うた》う
「摘《つ》めよ摘《つ》め摘《つ》め摘《つ》まねばならぬ
摘《つ》まにゃ日本《にほん》の茶《ちゃ》にならぬ」

(p.59・61)

ここはとうちゃんにんどころ

ここはとうちゃんにんどころ
ここはかあちゃんにんどころ
ここはじいちゃんにんどころ
ここはばあちゃんにんどころ
ここはねえちゃんにんどころ
だいどーだいどー
こちょこちょこちょこちょ

(p.70・72)

こどもとこどもがけんかして

こどもとこどもがけんかして
くすりやさんがとめたけど
なかなかなかなかとまらない
ひとたちゃわらう
おやたちゃおこる　ぷんぷん！

(p.80)

ねむれねむれねずみのこ

ねむれねむれ　ねずみのこ
うっつけうっつけ　うさぎのこ
なくななくな　なすびのこ
ぼうやがねむったあとからは
うらのやまの　やまざるが
いっぴきとんだら　みなとんだ
そらそらねむれ　ねむれよ
そらそらねむれ　ねむれよ

(p.91)

シューベルトの子守《こもり》うた

ねむれ　ねむれ　母《はは》の胸《むね》に
ねむれ　ねむれ　母《はは》の手《て》に
こころよき　歌声《うたごえ》に
むすばずや　たのしゆめ

ねむれ　ねむれ　母《はは》の胸《むね》に
ねむれ　ねむれ　母《はは》の手《て》に
あたたかき　その袖《そで》に
つつまれて　ねむれよや

(p.103)

子どもに伝えたい

わらべうた手合わせ遊び 子守うた

細田淳子 編著
Junko Hosoda

たごもりのりこ 絵
Noriko Tagomori

すずき出版

CONTENTS

わらべうたの章

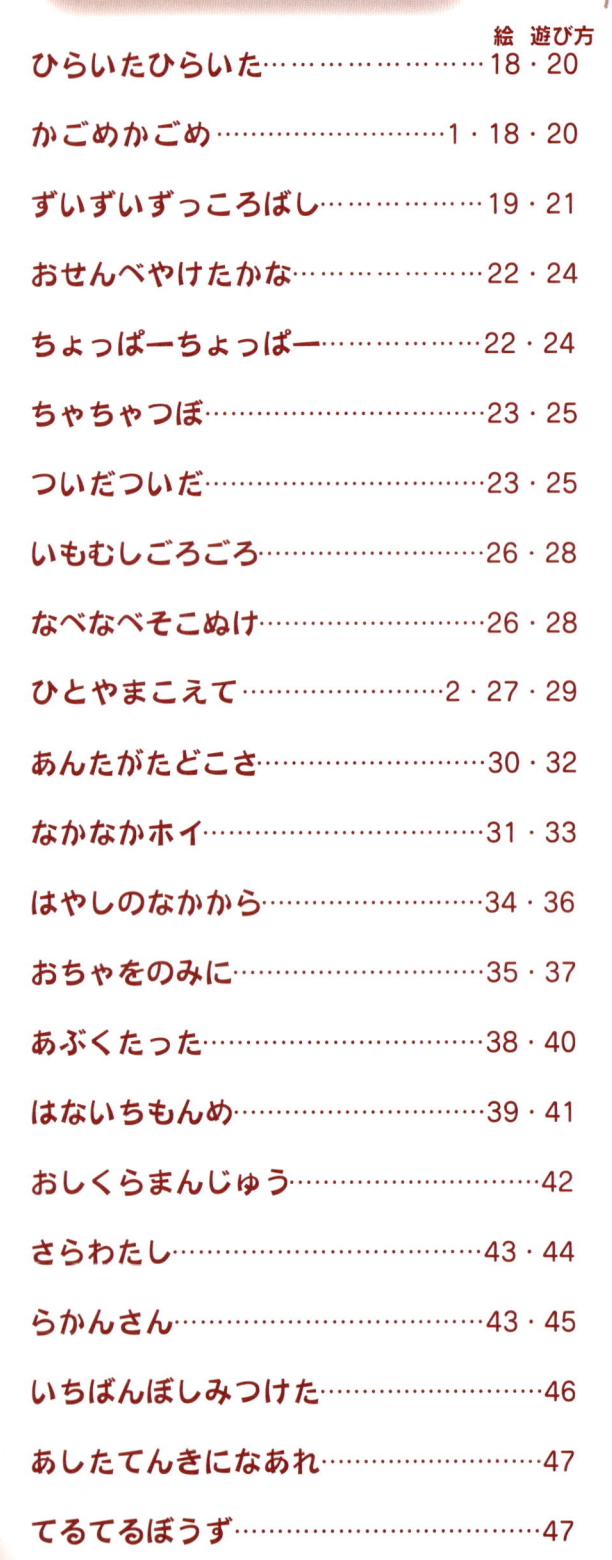

手合わせ遊びの章

子守うた①

遊ばせうたの章

子守うた②

眠らせうたと守《もり》子《こ》うたの章

あいうえおさくいん

はじめに

現代は育児のむずかしい時代だとよく言われます。大家族で暮らしていた昔なら、赤ちゃんが泣けば祖父母や兄姉など子育ての先輩たちが、さっと手を貸してあやしてくれ、疑問や不安があればいつでも相談にのってくれるといった環境がありました。しかし核家族化が進んだ現代では、なかなかそうもいきません。書物やインターネット情報で知識を得ても、子どもはひとりひとり違うものですから、書いてある通りにはならないのが普通です。いろいろなストレスもたまるでしょう。

そんな時にこの本を開いてみてください。本書は忙しく子育てをしている先生や親たちが、毎日少しの時間でも子どもと一緒に絵を見ながらうたったり遊んだりするような、ゆったりとした時を共有できるようにという願いを込めてまとめました。忙しい日常の中でも子どもの前でメロディーを口ずさむことで気持ちが落ち着いてきます。子どものためと思っていても、実はうたった大人自身が癒されることも多いのです。

子どもにとっても大好きな親や先生がうたってくれるメロディーを聞き、遊んでもらう時は、何ものにもかえがたい至福の時となるでしょう。目を合わせ、体にふれながら、心を通わせて、子どもとのあたたかなひと時を作っていただきたいと思います。

細田淳子

本書の特徴

楽譜はうたいやすい音域で記載しました

わらべうたは誰が作詞し、誰が作曲したかわからないものです。口伝によるものなので、楽譜はもともとありません。ここでは便宜上、楽譜を記載しましたが、できるだけ子どもたちが自然にうたう声に近い音域にしています。あくまでも目安ですから高めでも低めでも、うたいやすい高さでうたってください。音の高さはうたう人によって違ってよいのです。

構成音を示しました

伝承されてきた日本の旋律でできている曲には、その曲を構成する音〝構成音〟(p.52 参照）を示してあります。構成音の数を意識しながら、日本の音階を感じていただきたいと思います（西洋の音階の曲には示してありません）。

手合わせ遊びをまとめて紹介しました

今日まで、わらべうたや昭和時代の童謡、外国のうたなどさまざまな曲に合わせた手合わせ遊びが伝えられてきています。口伝によるものばかりで、まとめて書物に掲載されることがほとんどなかったこれらの遊びを集めました。

それぞれの曲が絵本のページと遊び方のページにわかれています

子どもと一緒に絵を見ながらうたいかけたり、絵本のように歌詞を読み聞かせたりしてあげましょう。遊び方はひとつの例として書いてあります。地元に伝わる遊び方がわかったら、その遊び方を大事に次の世代へも伝えていってほしいと思います。

わらべうた

わらべうたとは

昔から子どもたちに親しまれ、時代とともに少しずつ変化してきた遊びを総称して〝伝承遊び〟と言います。伝承遊びには、あや取り、お手玉、絵描きうた、手合わせ、まりつき、しりとりをはじめとしてたくさんのものがあります。その中で遊びを伴ううたを〝わらべうた〟と言います。民謡の一種でもあります。

子どもが遊びながら唱えた自然発生的な旋律がわらべうたです。誰かが作詞・作曲して、楽譜に書いたものではないのです。それらは親から子へ、子から子へ口伝により伝承されてきました。ですから言葉も遊び方も旋律も、地方ごとに変化しているものがたくさんあります。

なぜわらべうたがいいのでしょうか

・子どもの成長に大切な、親や保育者との信頼関係を構築することができます。
・わらべうたをうたってもらうことで、子どもは愛されていることを感じて安心し、親はうたうことで心が落ち着いてきます。
・順番を待ったり、ゆずり合ったりすることで協調性や社会性が芽生え、心の育ちにつながります。
・スキンシップをはかることができ、コミュニケーションをとる力が育ちます。
・歌詞の意味がよくわからないものでも、語感を楽しんだり、きれいな日本の旋律を味わうことができます。

これだけみても　乳幼児とともにわらべうたをうたい、遊ぶことに大きな意味があることがおわかりになると思います。

見直されているわらべうた

「わらべうたは古いので今の子どもに合わない」と言う人がいます。そうでしょうか？

うたが生まれたのは古い時代です。江戸時代より以前にできたと言われるうたもあります。しかし、古いから子どもには縁遠いものと考えるのは必ずしも正しいとは言えません。「もういいかい」「どれにしようかな」と、子どもが自然に口ずさむように、わらべうたは現在でも子どもの生活の中で身近に存在しているのです。

そもそも音楽教育の歴史を振り返ると、義務教育のはじまった明治時代に西洋音楽を取り入れた時、長い歴史のあるわらべうたや民謡は退けられました。しかし今、音楽教育を、母国語の抑揚でできているわらべうたからはじめようという気運が高まっています。

※「わらべうた」の音楽的特徴　p.52 参照

手合わせ遊び

「せっせっせ」ではじめる遊び

二人で向き合い両手を取り合って、「せっせっせーのよいよいよい」と掛け声をかけ、手を合わせたり手拍子をしたりしながらうたう遊びを〝手合わせ遊び〟と呼びます。楽譜集や保育雑誌での紹介は多くはないのに、自然に手の動かし方が知れ渡っています。

手合わせで遊ぶ曲には、昔から伝わる〝おてらのおしょうさん〟のようなわらべうたもありますが、〝アルプス一万尺〟のような外国の曲や〝みかんの花咲く丘〟のような童謡などもあります。

こういった手合わせ遊びは、日本だけのものではなく世界のいろいろな国にあります。親子や子ども同士で気持ちを合わせ、向き合って一緒にうたう時に、リズムを感じて手を合わせたくなるのは自然なことなのでしょう。

曲と動きを限定しないで

子どもたちは〝手合わせ遊びを行うのはこの曲で、動きはこう！〟という具合に、遊ぶ曲と手の動きを限定して遊んでいます。保育者をはじめ大人も、そういうものだと思い込んでいるようです。でも柔軟に考えてみたら、手合わせ遊びは、決められた曲でのみ遊ぶのではなく、どのような曲で行ってもよいのではないでしょうか。いえむしろいろいろな曲で、その都度、好きな手の動きを決めて遊んでほしいものだと私は考えています。本書では手合わせ遊びというすばらしい遊びが、日本中の子育て中の親子や園にもっと広まることを願い「手合わせ遊びを作ってみましょう」という活動を提案しています（p.68 参照）。

どのような時に手合わせ遊びをしますか

いつでもどこでも何も道具を使わずにできるので、ちょっとした時間に子どもと 1 対 1 で向き合うことができます。多くの子どもを担任している保育者は、なかなかひとりひとりと向き合う時間は取れませんが、転んで泣いてきた子の傷の消毒をしてあげた後に、手合わせをして遊び、元の遊びに送り出しましょう。泣いていた子も数十秒で笑顔に戻るでしょう。

また幼児にとって妹や弟が生まれた後は、お母さんを取られてしまったような淋しさを感じることがあるものです。赤ちゃんが眠っている時などに、お母さんがしっかり向き合って手合わせ遊びで遊んでくれると、満足感、充実感を得やすいのではないでしょうか。

子ども同士で伝え合う雰囲気を作りましょう

知っている手合わせ遊びを友だちに伝えることも楽しい遊びです。4、5歳になったら、なるべく子どもから子どもへ伝え合えるように場を設定し、見守っていきましょう。

子守うた

遊ばせうた、眠らせうたと守子《もりこ》うた

あやして遊ぶのも〝子守うた〟

子守うたとは、赤ちゃんを眠らせる時のうたのことだと思いがちですが、それだけではありません。眠らせる時のうたは子守うたの一部です。他に、文字の通り、子どもを守する、つまりあやしたり遊んであげたりする時のうたも子守うた（遊ばせうた・あやしうた）であり、貧しいために奉公に出されていた女の子たちが、子守りをさせられていた時に愚痴や悲哀をうたったうたも子守りうた（守子《もりこ》うた）です。

本書では、子守りうた①として「遊ばせうたの章」、子守りうた②として「眠らせうたと守子うたの章」というように子守うたを分類し、掲載しました。

遊ばせうた

わらべうたの中でも大人が乳児をあやす時にうたった遊びを、遊ばせうたとしてまとめました。

眠らせうた

眠らせる時の子守りうたです。日本中にはそれぞれの地方にたくさんの眠らせうたがうたい継がれてきています。外国の眠らせうたの中にもなじみ深い曲がたくさんあります。作曲家が感情を込め、芸術作品として作り上げた曲も含め、いろいろ集めました。

守子《もりこ》うた

民俗学者の柳田國男らによれば江戸時代の終わりごろから、町の裕福な商家などでは、それまでの乳母にかわって、近隣の貧しい家の７歳～ 14 歳の少女を〝守子〟として雇い入れたのだそうです。奉公先の子どもを子守りしなければならなかった〝守子〟の愚痴や悲哀をうたったものが〝守子うた〟で、民謡として美しいメロディーのものが多く伝わっています。本書では「五木の子守うた」「竹田の子守うた」がこれにあたります。

子守りうたにもいろいろあることがおわかりいただけたでしょうか。穏やかな気持ちで目の前の子をいつくしみながらうたっていただきたいと思います。

そして本書にあるうただけではなく、みなさんのふるさとの眠らせうたや遊ばせうた、守子うたを知っている人から聞き覚え、現代で途絶えさせることなく次の世代へ伝えていっていただきたいと思います。

わらべうたの章

わらべうたは口伝によって広まったため、地方ごとに言葉は方言にかわり、それにつれてメロディーもかわっています。本書を参考に、ご自分の地元の言葉や旋律でうたってください。遊び方も同様に土地によってさまざまです。お年寄りに習うなど、地方ごとに伝わっているものを大事に伝えていきたいものです。本書では東京近郊に伝わるものを多く掲載しました。

ひらいたひらいた

ひらいたひらいた
なんのはながひらいた
れんげのはながひらいた
ひらいたとおもったら
いつのまにかつぼんだ

※池に咲き、開いたり閉じたりする蓮華（ハス）の花は、仏教の極楽浄土のシンボルです。畑のあぜ道に咲くれんげ草とは違います。
「ひらいたひらいた」は江戸時代、江戸を中心に古くからうたわれ、遊ばれ、明治時代には全国に広がりました。

かごめかごめ

かごめかごめ
かごのなかのとりは
いついつでやる
よあけのばんに
つるとかめがすべった
うしろのしょうめん
だあれ

※民俗学者の柳田國男によれば「かごめ」は「屈《かが》め」、つまり「しゃがめ」ということです。それに対して幼児音楽研究者の繁下和雄は、遊び方の古い文献研究により、古くは〝なべなべそこぬけ〟と同様の２人で向き合って手をつなぐ遊びで、その様子を上から見た形から「かごめ」は「籠《かご》の目」であるとしています。

ずいずいずっころばし

ずいずいずっころばし
ごまみそずい
ちゃつぼにおわれて
とっぴんしゃん
ぬけたらどんどこしょ
たわらのねずみが
こめくってチュー
チューチューチュー
おっとさんがよんでも
おっかさんがよんでも
いきいっこなしよ
いどのまわりで
おちゃわんかいたの
だあれ

※江戸の将軍へ、お茶を献上する「茶壺道中」を風刺したもの。という説もあります。

集団 輪 全身

ひらいたひらいた ❖遊び方

構成音▶ 

1番／手をつないで輪を作り、うたいながら回る。「いつのまにかつぼんだ」で、手をつないだまま中央に小さく集まる。
2番／小さい輪のままで回り、「いつのまにかひらいた」で、もとのように広がる。

集団 輪 全身

かごめかごめ ❖遊び方

構成音▶ 

❶1人が鬼になって輪の中央で目をおおってしゃがむ。そのまわりをみんなで手をつなぎ、うたいながら回る。

❷うたい終わると同時に一斉にしゃがみ、鬼は自分の真後ろに来た人が誰かを当てる（動物の鳴きまねをヒントにしてもよい）。当たったら鬼を交代。

集団　輪　手・指　鬼決め

ずいずいずっころばし　❖遊び方

構成音▶ 

❶３人以上で輪を作り、それぞれ両手のこぶしを前に出す（指が入るようにゆるく握る）。
親は片手のこぶしを出す。
※「親」＝遊びをリードする人。

❷うたに合わせて（１拍ずつ）、親が人さし指を順番にこぶしの穴に入れていく。好きなところからスタートし、最後の「れ」で当たった人は、その手を引っ込める。

❸くり返して遊び、両方のこぶしを先に引っ込められた人から上がり、最後に残った人が次の親になる。

※鬼ごっこをする前に、鬼を決める遊びとして行うこともあります。

おせんべやけたかな

ちょっぱーちょっぱー

ちょっぱーちょっぱー
ちょーちょっぱー
ぐーすけ　ひらいて
ちょーちょっぱー
おさらに　おはしに　ぼたもち　ホイ！

※春の彼岸に食べるのを牡丹餅（ぼたもち）、秋の彼岸に食べるのをお萩（おはぎ）と言います。

ちゃちゃつぼ

ちゃちゃつぼ　ちゃつぼ
ちゃつぼにゃ　ふたがない
そこをとって　ふたにしよ

※昔は幕府のご用命で、新茶の茶壺を真ん中に大名行列を仕立てて歩きました。その茶壺を表した遊びです。

ついだついだ

ついだついだ
どこついだ

※つくしんぼをはかまから抜いて、つないで、「どこをつないだか？」という自然遊びから派生した手遊びです。

集団　輪　手・指　鬼決め　おせんべやけたかな ❖遊び方

構成音▶ 

※わずか２音でうたえます。

❶３人以上で輪になって座り、机や床の上に両手をふせる（手をおせんべいに見立てる）。

❷うたに合わせて親が人さし指で順に手にふれていく（好きなところからスタートする）。

❸最後の「な」で当たった手は上向きに引っくり返す。次はその手の隣からスタート。

❹くり返して遊び、２度目に当たった手は本人が「むしゃむしゃ」と食べるまねをしてから引っ込める。早く両手を引っ込めた人から上がり。

※鬼ごっこをする前に、鬼を決める遊びとして行うこともあります。

2人　じゃんけん　集団　輪　ちょっぱーちょっぱー ❖遊び方

構成音▶ 

★２人で向かい合い、下記の絵に合わせて、両手でチョキ、パー、グーを出す。「おさらに」で片手を出し、「おはしに」でその手の上にチョキをのせ、「ぼたもち」でチョキの手をグーに変え、最後の「ホイ」で、向かい合った相手とじゃんけんをする。

【バリエーション】

A 座っている集団対、立っている１人（大人）が向き合って遊ぶ。

B ２～30人で２重の円を作り、内側と外側で２人ずつ向き合って遊ぶ。１回終わったら外側の円が１人分右へ移動し（内側の人は動かない）、新しい相手と遊ぶ。

C 足じゃんけんで遊ぶ。「おさらに　おはしに　ぼたもち」は、「グー　チョキ　パー」に変える。

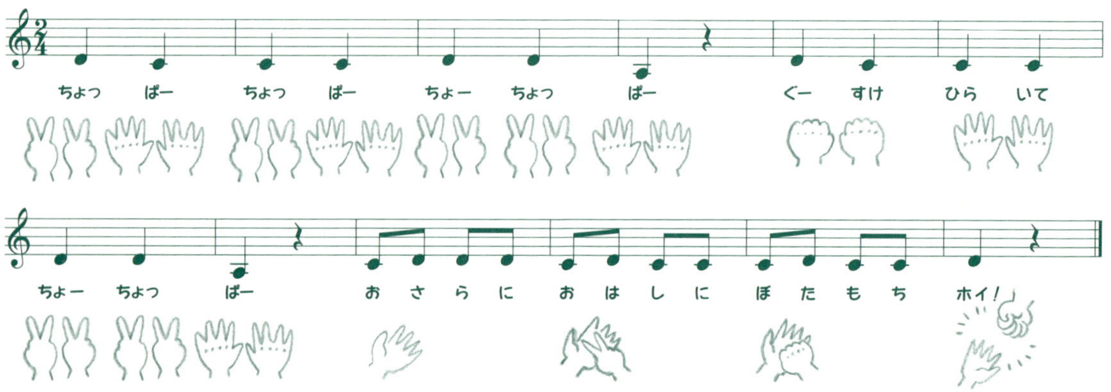

1人 手・指

ちゃちゃつぼ ❖遊び方

構成音▶ 

ちゃ

❶左手を握り（茶つぼを表す）、右手のひらで上をおさえる（ふたを表す）。

ちゃ

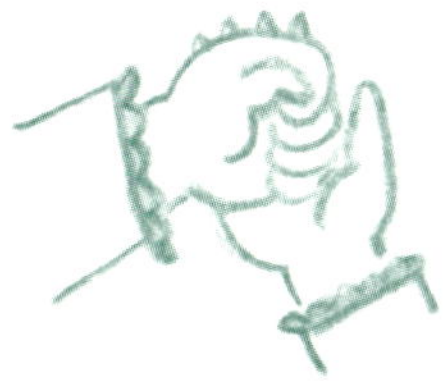

❷右手を左手の下にそえる（茶つぼの底を表す）。

つ

❸今度は右手を握り、左手のひらで上をおさえる。

ぼ

❹左手を右手の下にそえる。
※休符で休みながら❶〜❹をくり返す。

※だんだん早くして遊びます。

ちゃ ちゃ つ ぼ ちゃ つ ぼ ちゃ つ ぼ にゃ ふ た が な い そ こを とっ て ふ た にし よ
❶ ❷ ❸ ❹ ❶ ❷ ❸ ❹ ❶ ❷ ❸ ❹ ❶ ❷ ❸ ❹ ❶ ❷ ❸ ❹ ❶

※最後がふたになります。

1人 2人 集団 手・指 唱え

ついだついだ ❖遊び方

❶「ついだ」で両手の握りこぶしを重ね、次の「ついだ」で、下の手を上に重ねる。
「どこつい」「だ」と、くり返してうたいながら、どんどん高く手を重ねていく。

❷これ以上届かない高さまで重ねたら、今度は順に手をおろしていく。

※あわててまちがえるとおもしろい。

【バリエーション】

A 2人組でこぶしを交互に重ねていく。

B 人数を増やし、こぶしを柱のように重ねて遊ぶ。はじめ全員が右手を重ね、次に左手を重ねて柱にする。

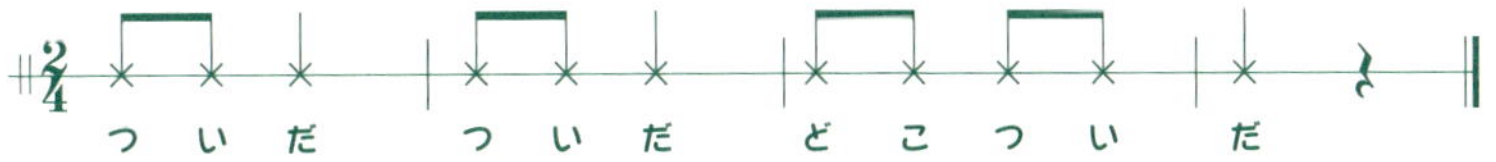
つ い だ つ い だ ど こ つ い だ

※江戸時代から伝わる遊びです。

いもむしごろごろ

いもむしごろごろ
ひょうたんぽっくりこ

なべなべそこぬけ

なべなべそこぬけ　そこがぬけたら
かえりましょ

ひとやまこえて

ひとやまこえて　ふたやまこえて
みやまのたぬきさん　たんたんたぬきさん
あそぼじゃないか
いまはごはんのまっさいちゅう
おかずはなあに
うめぼしこっこ
ひとくちちょうだい
いやいやしんぼ

まりつき遊び
※２人で１つのまりを交代でつく。
（●でまりをつく。◎は２人でつき、交代するところ）
最後の「いやいやしんぼ」で足の間をくぐらせ、後ろで取る。

集団 全身 いもむしごろごろ ❖遊び方

構成音▶ 

❶ 1 列になってしゃがみ、前の人の肩か腰につかまる（いもむしを表す）。
※はじめは大人が前に立ち、先頭の子と向き合ってリードするとよい。

❷体を左右に揺らしながら、うたに合わせて前進する（全員の動きを合わせてゆっくりと）。

❸ 1 回うたうごとに、先頭は後ろにまわり、順に前にずれていく。

※子どもたちの筋力増強にも役立ちそうな遊びです。

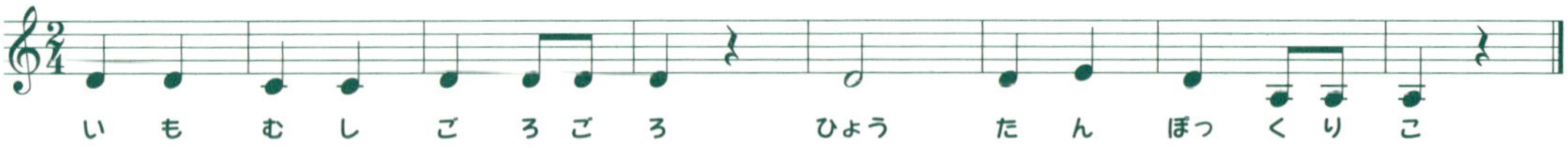

2人 全身 集団 輪 なべなべそこぬけ ❖遊び方

構成音▶ 

なべなべ〜ぬけたら

❶両手をつなぎ、うたいながら手を左右に振る。

かえりま　しょ

❷手をつないだまま体を回転させ、「しょ」で背中合わせになる。

なべなべ〜ぬけたら

❸くり返してうたいながら、後ろ向きのまま手を左右に振る。

かえりま　しょ

❹手をつないだまま回転し、「しょ」で❶に戻る。

【バリエーション】

A 集団遊び（3 人以上）
輪になって手を振り、「かえりま」で 2 人が手を上げて門を作り、その向かい側にいる人から門をくぐる。「しょ」で全員が背中向きになったら、反対向きで遊びをくり返す。

B 大人がリードすれば 30 人でも遊べる。「手を離さない、走らない」約束をし、安全に行うこと。

集団　全身　劇　まりつき　ひとやまこえて ❖遊び方

構成音▶ 

ひとやまこえて　ふたやまこえて　みやまのたぬきさん

❶子どもチームとたぬきチームで向かい合って立ち、両手をつなぐ。

❷しゃがんで低くなる。

❸中腰になる。

❹立ち上がり、両手を高く上げる。

たんたんたぬきさん　あそぼじゃないか　いまはごはんのまっさいちゅう　おかずはなあに

❺一番端の２人がスキップしながら反対側に移動（ここからはこの２人のみがうたと動作を行う）。

❻子ども役が、たぬきに手招きする。

❼たぬき役が食べるまねをしながらうたう。

❽子ども役が「それは何？」と指す動作をする。

うめぼし　こっこ　ひとくちちょうだい　いやいやしんぼ

❾たぬき役が親指と人さし指で円を作る。

❿その円を包丁で切るまねをする。

⓫子ども役が両手を重ねて前に出す。

⓬たぬき役が「ダメダメ」と、手を左右に振る。

※まりつき遊びは p.27 参照。

※「うめぼしこっこ」のところを好きな食べ物にかえて遊びましょう。

あんたがたどこさ

※「ひご（肥後）」は現在の熊本県にあたる。第二次大戦後、マスコミに取り上げられて全国にひろがったわらべうた。

あんたがたどこさ
ひごさ
ひごどこさ
くまもとさ
くまもとどこさ
せんばさ
　せんばやまには　たぬきがおってさ
　それをりょうしが　てっぽうでうってさ
にてさ　やいてさ　くってさ
　それを　このはで　ちょいとかくせ

まりつき遊び
※●の時にまりをつく。最後の ◎ でまりを取る。

なかなかホイ

なかなかホイ　そとそとホイ
なかそとそとなかなかなかホイ

そとそとホイ　なかなかホイ
そとなかなかそとそとそとホイ

まりつき遊び
※●の時にまりをつき、◎で足をくぐらせる。

1人 まりつき 全身 集団 手・指

あんたがたどこさ ❖遊び方

構成音▶ 

※まりつきのタイミングは p.30 参照。

1人でのまりつき遊び

❶1拍ごとにボールを1回つく。慣れてきたら「さ」のところで片足を上げてボールをくぐらせる。

❷最後の「せ」で　A スカートをボールにかぶせる。

B 足の間をくぐらせて背中で取る。

C 強くボールをつき、上がっている間に1回転して受け止める。

【バリエーション】

A 手遊び

1拍ずつ手拍子してうたい、「さ」の時に膝を打つ。

B 手合わせ遊び

2人で向かい合い「せっせっせーのよいよいよい」をしてから、1拍ずつ手拍子してうたい、「さ」の時に相手と手を合わせる。

C うた遊び

・問いと答えを2グループが交互にうたい、「せんばやま～」からは一緒にうたう。
・「さ」だけをうたうグループと、それ以外をうたうグループにわかれてうたう。
・リーダーが「さ」だけをうたい、他の人がそれ以外をうたう。

※不定期に「さ」があらわれることを利用して、この他にもさまざまな遊びが考えられ、行われています。

※見やすい楽譜にするため、言葉の切れ目に合わせて拍子を変えましたが、まりつきは本来1拍子です。

1人 まりつき 集団 全身

なかなかホイ ❖遊び方

構成音▶

まりつき遊び　※まりつきのタイミングは p.31 参照。

１拍ごとにボールを１回つく。「ホイ」のところは足を回してボールをくぐらせる。
できるようになったら、足を床から離さずにボールをくぐらせてみよう。

全身遊び　下の❶～❹の動きを、歌詞の通りに組み合わせて遊ぶ。

なかなか　ホイ

❶２本の線の中で３回両足跳び。

そとそと　ホイ

❷足を開いて、線の外を３回跳ぶ。

なか

❸線の中を１回跳ぶ。

そと

❹線の外を１回跳ぶ。

地面に線を引いて遊ぶ。先頭の子はみんなの方を向いて飛び、１回終わったら列の後ろに回る。

はやしのなかから

はやしのなかから　おばけがにょーろにょろ
おばけのあとから　とうふやさんがぷーぷー
とうふやさんのあとから　こぶたがぶーぶー
こぶたのあとから　こどもがじゃんけんぽん

おちゃをのみに

おちゃをのみにきてください　はい　こんにちは
いろいろおせわになりました　はい　さようなら

はやしのなかから ❖遊び方

構成音▶ 

はやしのなかからおばけが

❶２人で向かい合い、１拍目で自分、２拍目で相手の手のひらを叩く。これをくり返す。

にょーろにょろ

❷両手を顔の前に下げて、おばけのまねをする。

おばけのあとからとうふやさんが

❸　❶をくり返す。

ぷーぷー

❹ラッパを吹くまねをする。

とうふやさんのあとからこぶたが

❺　❶をくり返す。

ぶーぶー

❻鼻の頭を上に向ける。

こぶたのあとからこどもが

❼　❶をくり返す。

じゃんけんぽん

❽じゃんけんをする。

※慣れてきたら動物やスポーツ選手などテーマを決めて、うたや身振りを即興で作って遊んでみましょう。

【バリエーション】

（1）２人ずつ向き合って大きな輪を作る。
（2）「じゃんけんぽん」のあと、勝ったら「ばんざい」、負けたらおじぎをして「負けました」、あいこは「あっかんべ」をし、１人分ずつそれぞれ前に進んで相手をかえ、遊びをくり返す。

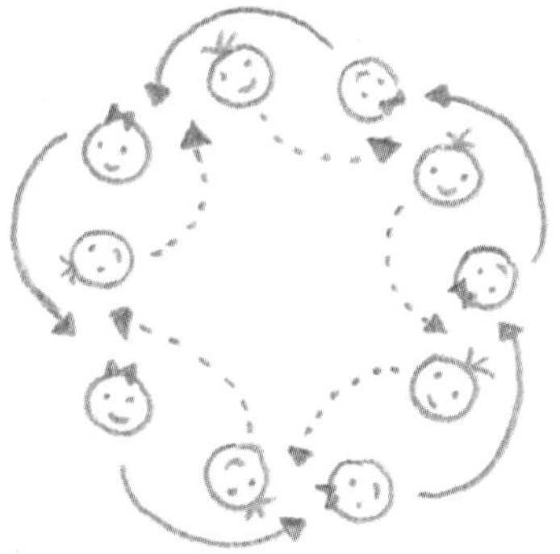

おちゃをのみに ✣遊び方

構成音▶

おちゃをのみにきてください

❶鬼が１人輪の中に入り、うたに合わせて左回りに歩く。外の輪は手をつないで右回りに進み、「さい」で全員が止まる。

はい　こんにちは

❷止まった時に手を離し、鬼と向かい合った人が、鬼とおじぎをし合う。

いろいろおせわになりました

❸挨拶をした２人がうたいながら両手をつないで半周回り、内と外を交代する。他の人は手拍子をする。

はい　さようなら

❹また手を離しておじぎをし合い、鬼を交代する。他の人は手拍子を続ける。

【バリエーション】

15人以上など、人数が多い時は鬼を２人に増やして遊ぶ。

あぶくたった

あぶくたった　にえたった
にえたかどうだかたべてみよ
むしゃむしゃむしゃ　まだにえない

あぶくたった　にえたった
にえたかどうだかたべてみよ
むしゃむしゃむしゃ　もうにえた

※「あぶくたった」とはあずきが煮えている様子です。昔は戸棚にしまっても、早めに食べてしまわないとすぐ悪くなってしまう、といった話からこの遊びが生まれたとも言われています。腐って捨てられたあずきがおばけになって、みんなをつかまえにくるのです。
※後半のセリフの部分は即興で、自由に変化させて言うこともでき、劇遊びの導入ともなります。

はないちもんめ

かってうれしい　はないちもんめ
まけてくやしい　はないちもんめ
となりのおばさんちょっときておくれ
おにがこわくていかれない
おふとんかぶってちょっときておくれ
おふとんびりびりいかれない
おかまかぶってちょっときておくれ
おかまそこぬけいかれない
あのこがほしい
あのこじゃわからん
そのこがほしい
そのこじゃわからん
そうだんしよう　そうしよう

○○ちゃんがほしい
◎◎くんがほしい　じゃんけんぽん

※この曲の歌詞を、「あの子がほしいと言っているのは人買いのせりふだから子どもたちにうたわせたくない」と言う人がいるそうです。しかし子どもたちは自分のチームに「あの子がほしい」と言ってメンバーが増えることを願い、純粋にゲームを楽しんでいるだけです。さまざまな歴史や文化、地域の言い伝えが伝承されてきたわらべうたを尊重し、子どもの気持ちを大切にしながら次世代へ伝えていきたいものです。

集団 輪 全身 劇

あぶくたった ❖遊び方

構成音▶

あぶくたった～たべてみよ

❶中央にしゃがんだ鬼のまわりを、左回りにうたいながら歩く。

むしゃむしゃむしゃ

❷手を離して全員で鬼（あずき）の頭を食べる仕草をする。

まだにえない

❸また広がって手をつなぐ（❶～❸を２～３回くり返す）。

むしゃむしゃむしゃ　もうにえた

❹小さく手をつなぎ、みんなでうたう。

ここからはセリフを唱えながら動作をする

とだなにいれて

❺戸棚に見立てた場所に、みんなで鬼をしまう。

かぎをかけて カチャカチャカチャ

カチャ

❻みんなでカギをかけるまねをする。

おふろにはいってジャブジャブジャブ
ごはんをたべてムシャムシャムシャ
おふとんしいて　でんきをけして　さあねましょ

❼鬼以外は元の場所に戻って輪になり、言葉に合わせて動作をし、最後に両手を頬にあてて眠る。

ここからは鬼とみんなの問答になる

トントントン

❽「トントントン」と言いながら鬼がノックのまねをする。

なんのおと？

❾みんなが「何の音？」と聞く。

（トラックが
はしるおと）
あ～よかった

❿「風」「ジェット機」など思いつく音を鬼が答え、みんなは手を回しながら「あ～よかった」と言う。❽～❿を何回かくり返す。

ここからは鬼ごっこ

おばけのおと！

⓫鬼が「おばけの音」と言ったら鬼ごっこ。一斉に逃げ、つかまった人が次の鬼になる。

はないちもんめ ❖遊び方

（じゃんけんぽん）

❶２チームにわかれ、横一列に手をつないで向き合い、代表がじゃんけんをする。

かってうれしいはないちもんめ

❷勝ったチームが先に前進しながらうたい、最後の「め」で足を蹴り上げる。うたわないチームは後ろに下がる。

まけてくやしいはないちもんめ

❸今度は負けたチームが前進しながらうたい、最後の「め」で足を蹴り上げる。相手チームは後ろに下がる。

となりのおばさん～そうだんしようそうしよう

❹うたう時は前に進み、うたわない時は後ろに下がる。８拍ごとに交互に問答をし、前進と後退をくり返す。

○○ちゃんがほしい ◎◎くんがほしい ～じゃんけんぽん

❺チーム内で相談したあと、ほしい人の名前を言い合い、その２人が前に出てじゃんけんをする。

❻負けた人は、相手チームにもらわれ、遊びをくり返す。

※今も盛んに行われている遊びですが、地方によって歌詞がかなり違います。じゃんけんのところを沖縄県では手を引っ張り合う力比べで勝敗を決めます。

おしくらまんじゅう ❖遊び方

構成音▶ 

★中に数人が入る。他の人は外側向きで腕を組み、うたいながら中心に向かってぎゅうぎゅう押し合う（寒い時に遊ぶと体がポカポカに）。

おしくらまんじゅう
おされてなくな

【バリエーション】

A 一列になって背中を壁につけ、列の中央に向かって左右から押し合う。押し出されたら列の端にまわる。

かべ
ぎゅう〜
ぎゅう〜

B 地面に円を描き、その中でおしくらまんじゅうをする。鬼は円の外から中の人をねらい、中の人は鬼にタッチされないように押し合いながら逃げる（タッチしたら鬼を交代）。

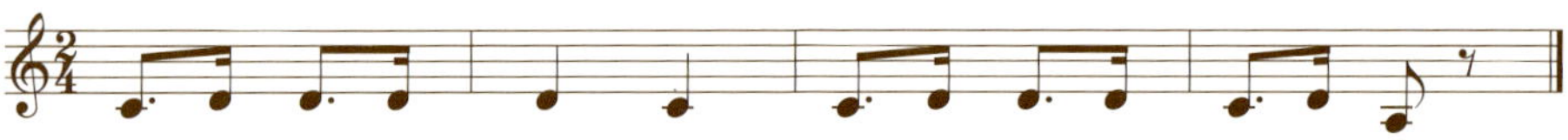
おしくら まん じゅう おされて なくな

さらわたし

さらわた　さらわたし
しずかにわたせ　こがねのように
おにのしらぬうちに　いいよ

※宝物を手渡していき、最後にかくします。それを鬼が当てる遊びです。

らかんさん

らかんさんがそろたら　まわそじゃないか
ヨイヤサノヨイヤサ
ヨイヤサノヨイヤサ

※羅漢さんというのは仏教で最高位のお坊さんです。五百羅漢という五百のいろいろな表情やポーズをとっている羅漢さんの木彫をお寺で見かけたことはありませんか？

さらわたし ❖遊び方

構成音▶

❶輪になって座り、中央に鬼が入る。

❷うたいながら宝を回す（全員が１拍目で自分の手を叩き、２拍目で右隣の人の左手を叩くという動作をしながら回す）。

※宝はハンカチを三角に折って真ん中に結び目を作ったものや、小さな人形など、なんでもよい。

❸鬼は、最初は宝を見ていて、「おにの～」のところで目隠しをする。

❹最後の「いいよ」で全員が腕を組み、宝を隠す。鬼も同時に目をあけて、宝を持っている人を当てる。

当たるまで続け、宝を持っていた人が次の鬼になる。

【バリエーション】

輪になって体の後ろ（手を後ろ）で宝を回す。鬼は目をつぶらず、ずっと見ていてよい。

さ ら わ た さ ら わ た し し ず か に わ ー た せ
こ が ね の よ う に お に の し ら ぬ う ち に い い よ

らかんさん ❖遊び方

構成音▶ 

❶輪になって立つ。「らかんさんが〜ないか」では、それぞれが最初のポーズをしながらうたう（できるだけおもしろいポーズ）。

❷「ヨイヤサノ」で右の人のポーズをすばやくまね、次の「ヨイヤサ」でまた右の人のまねをする。「ヨイヤサノ　ヨイヤサ」と、だれかが失敗するまで何度もくり返して遊ぶ。

らかんさんがそろたら まわそじゃないか

最初はそれぞれ好きなポーズをとりながらうたう。
（右の人のポーズを横目で見ておく）

ヨイヤサノ

右の人のポーズをまねする。

ヨイヤサ

また右の人のポーズをまねする。

【バリエーション】 ※運動量のある遊びなので年長児以上で行う。

❶４人以上で遊ぶ。それぞれが右足を曲げて、右隣の人の右足の膝に足首を引っかける。最後の人は最初の人の足にかけて輪を作る。

❷「〜まわそじゃないか」まで手拍子をしながらうたう。続く「ヨイヤサノ　ヨイヤサ」はかけ声をかけるようにリズムを合わせ、左足でケンケンして回る。すぐ崩れてしまい、最後までできないところがおもしろい。

上から見た図

ら かん さん か そ ろっ た ら ま わ そ じゃ な い か ヨイ ヤ サ ノ ヨイ ヤ サ ヨイ ヤ サ ノ ヨイ ヤ サ

唱え いちばんぼしみつけた ❖遊び方

構成音▶ 

★夕空を見上げて、星を探しながら唱えよう。

いちばんぼし　みつけた
にばんぼし　　みつけた
さんばんぼし　みつけた

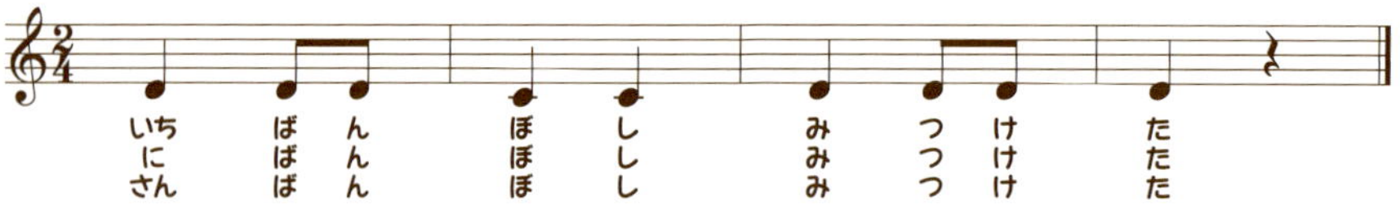

唱え　あしたてんきになあれ　❖遊び方

構成音▶ 

★「なあれ」で、片方の靴を蹴って飛ばす。靴が表向きに落ちたら晴れ、裏だったら雨、横向きだったら曇り（または雪）など、天気を占って遊ぶ。

あしたてんきに
なあれ

はれ
おもて
あめ
うら
くもり
ゆき
よこ

あ し た てん き に な あ れ

唱え　てるてるぼうず　❖遊び方

構成音▶ 

てるてるぼうず
てるぼうず
あしたてんきにしておくれ

※明日はどうしても晴れてほしい…。遠足の前日などにてるてるぼうずを作って吊るし、このオマジナイのうたをうたいます。

て る て る ぼう ず て る ぼ う ず あ し た てん き に し て お く れ

唱え　いたいのいたいのとんでいけ ❖遊び方

いたいの
いたいの…
とんでいけぇ～

※子どもが痛がっている時、オマジナイのように唱えて、安心させてあげましょう。

い た い の い た い の と ん で い け

数　唱え　鬼決め　だるまさんがころんだ ❖遊び方

構成音▶

だるまさんがころんだ

1
2
3
4
5
6
7
8
9
10

※次ページの「はじめのいっぽ」で使います。数字を 10 まで早口で数えるかわりの唱え言葉です（10 文字の言葉）。

※鬼ごっこをする前に、鬼を決める遊びとして行うこともあります。

だ る ま さ ん が こ ろ ん だ

集団 全身 唱え はじめのいっぽ ❖遊び方 構成音▶

※この遊びは「だるまさんがころんだ」とも呼ばれます。

はじめのいっぽ

❶鬼は木などの前に立ち、他の人はスタートラインから「はじめのいっぽ」と言って1歩進む（できるだけ前に進む）。

❷鬼は木に顔をふせ、「だるまさんがころんだ」と早口で唱える（これはちょうど10数えたことと同じになる）。その間にみんなは前に進んで鬼に近づく。

❸唱えて振り返った時に、動いている人を見つけたら、鬼はその人の名を呼んで手をつなぐ。動いた人が増えるごとにその手につながっていく。

❹ ❷❸を何度かくり返す。だんだんみんなが鬼に近づき、鬼が「だるまさん〜」と言っているスキに、だれかが「切った」と、鬼がつないだ手のところを切る動作をしたら、鬼以外は全員逃げる。

❺鬼が「止まれ！」と言ってみんなを止める。鬼はみんなで決めた歩数だけ木のところから進むことができる。大股で近づいて誰かにタッチできたら、鬼を交代する。

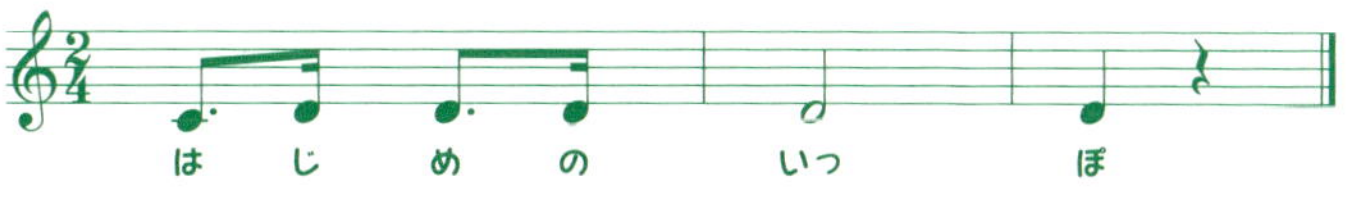

数唱え　ひーふーみーよー ❖遊び方

ひー　ふー　みー　よー　いつ　むー　なな　やー　ここのつ　とう

ひー　ふー　みー　よー　いつ　むー　なな　やー　ここのつ　とう

※1つずつ数える時に唱えます。

数唱え　いちにの ❖遊び方

構成音▶ 

いち　にの　さんまの　しいたけ　でっこん　ぼっこん　ちゅうちゅう　ぱっこん　ですこん　ぱ

※歌詞は地域によってさまざまです。「いち にの さんまの しっぽ ごりらの ろっこつ なっぱの はっぱの くさった とうふ」なんていうのもあります。

いちにの　さんまのしいたけ　でっこんぼっこん　ちゅうちゅうぱっこん　ですこんぱ

数 唱え にのしのろのやのとお ✣遊び方

構成音▶ 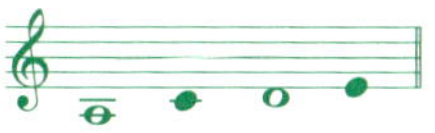

にの　しの　ろの　やの　とお

※２つずつ数える時にうたいます。

数 唱え 鬼決め ちゅうちゅうたこかいな ✣遊び方

構成音▶ 

ちゅう　ちゅう　たこ　かい　な

※５つ数える時や、２つずつ 10 個、数える時にうたいます。また「５回目に当たった人が鬼」など、鬼決めの時にも使います。

コラム 「わらべうた」の音楽的特徴

わらべうたの多くは民謡音階でできています

わらべうたの多くは、ラドレミソの５種類の音を使った民謡音階で構成されています（まれに都節《みやこぶし》や二つの音階の混ざったものなどもある）。そのため私たちが普段多く接している西洋音楽（ドレミファソラシの７個の音が基本）とは違う独特な印象を与えます。

民謡音階（陽音階）

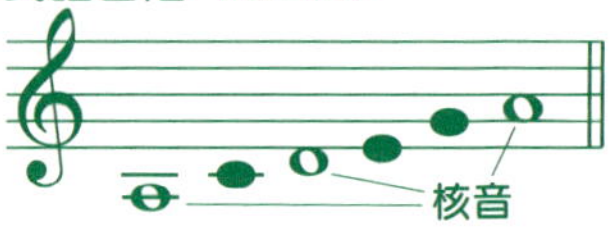

子どもが遊びの中で唱えた言葉から生まれてきたわらべうたは、自然に、「もういいかい（ドミレ）」「まいちゃん　あそびましょ（レドレ　ドレレドレ）」と、この音階の音になっているのです。

そして終わりたくなる音が（この例だとレ）決まっています。この音を〝核音〟と言い、本書に示した〝構成音〟（その曲を構成する音）では白い音符で表しています。

うたを覚えはじめの乳幼児にわらべうたは最適

わらべうたは、遊びながら唱えた日本語の抑揚でできているので、音の動きが自然でゆるやかです。たとえば、西洋音楽の〝キラキラ星〟のうたいはじめは「ドドソソララソ」と、「ド」から「ソ」へ５度も飛びますが、〝なべなべそこぬけ〟は「レドレドレレレレ」となっていて、「ド」から隣の「レ」への１段ずつの上がり下がりです。母国語の自然な動きなので音程を取りやすいのです。わらべうたがうたいやすい理由はここにあります。それも楽しく遊びながら唱えているうちに、この隣同士の音の音程がきちんと取れる力が身につくのです。うたをうたいはじめる時期の子どもたちにとって、こんなにいい教材はありません。

音を取るのが苦手な人にも最適

さらに、わらべうたは音程を取るのが苦手と感じている大人の人たちにも有効です。そういう人はぜひ〝おてらのおしょうさん〟の２音で、しっかり基礎固めをしてください。少しずつ高さをかえてうたうのです。声域が広がり、やがて西洋のうたもきちんとうたえるようになります（私の指導学生の中にもこの方法で悩みを解決した人がたくさんいます）。

わらべうたに伴奏をつけるのはかんたん

民謡音階でできているわらべうたは、遊びながらうたうことが基本ですが、合奏したい時には伴奏をつけるのがかんたんです。まずそのわらべうたの核音を中心に音階の中の音を選び、短い伴奏のパターンを作ってみましょう。１曲を通してそのパターンでずっと演奏できます（西洋音楽の場合は旋律に合わせてそのつど和音を考えないと伴奏できません）。（p.108 参照）

手合わせ遊びの章

わらべうた、童謡、外国のうたなどさまざまな曲に合わせた手合わせ遊びを集めました。

せっせっせーの
よいよいよい

この章の遊びは全て、「せっせっせーのよいよいよい」と、相手と両手を取り合い、拍子を取ってうたいはじめます。

せっせっせーの

❶向かい合って両手をつなぎ、「せっせっせーの」で上下に3回振る。

よいよいよい

❷手をつないだまま交差させ、「よいよいよい」で上下に3回振る。

せっ せっ せー の よい よい よい

おてらのおしょうさん

おてらの　おしょうさんが
かぼちゃのたねを　まきました
めがでて　ふくらんで
はながさいて　じゃんけんぽん

おちゃらかホイ

おちゃらか　おちゃらか　おちゃらかホイ
おちゃらか　かったよ　おちゃらかホイ
おちゃらか　まけたよ　おちゃらかホイ
おちゃらか　どうじで　おちゃらかホイ

チョンあいこ

チョンあいこ　チョンあいこ
チョンチョン　あいこあいこ
チョチョンが　なんだそうで
チョチョンが　てっぽう

チョンあいこ　チョンあいこ
チョンチョン　あいこあいこ
チョチョンが　なんだそうで
チョチョンが　コンコン

チョンあいこ　チョンあいこ
チョンチョン　あいこあいこ
チョチョンが　なんだそうで
チョチョンが　だんな

じっちゃこばっちゃこ

じっちゃこ　ばっちゃこ　たこあげて
でんしんばしらさ　ひかがって
おどう　あばあ　たすけでけれ
はしごこねくて　とらえね

※「おど」＝父　「あば」＝母　「ねくて」＝なくて　の意味。名詞に「こ」がつくのは、東北地方の方言。秋田に伝わるわらべうたです。

2人 手・指 じゃんけん　おてらのおしょうさん ❖遊び方

構成音▶ 

※わずか２音でできているわらべうたです。

おてらの～まきました

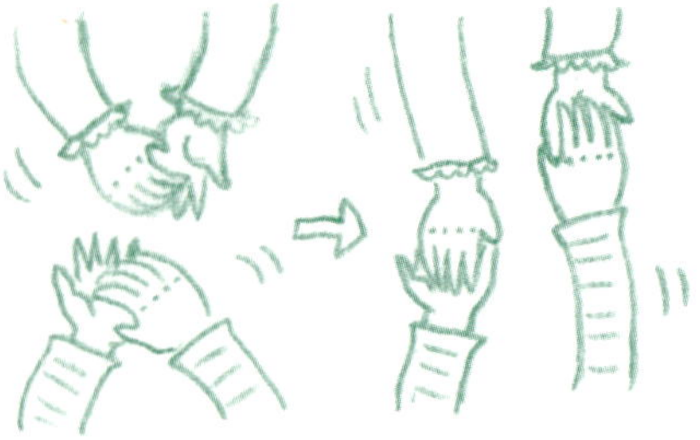

❶２人で向き合い、自分の左手を右手で叩いてから相手の左手を叩く。これをくり返す。

めがでて

❷両手を合わせる。

ふくらんで

❸手をふくらませる。

はながさいて

❹花のように開く。

じゃんけんぽん

❺じゃんけんをする。

【バリエーション】

★❹のあとを創作して遊ぶ。最後は「じゃんけんぽん」。

❺枯れちゃって

❻忍法使って

❼空飛んで

❽くるりと回して
じゃんけんぽん

せっせっせーの
よいよいよい
おてらのおしょうさんがかぼちゃのたねをまきました
めがでてふくらんではながさいてじゃんけんぽん

2人 手・指 じゃんけん　おちゃらかホイ ❖遊び方

構成音▶ 

おちゃらか（×３回）　ホイ　おちゃらか「かったよ」「まけたよ」「どうじで」（あいこで）

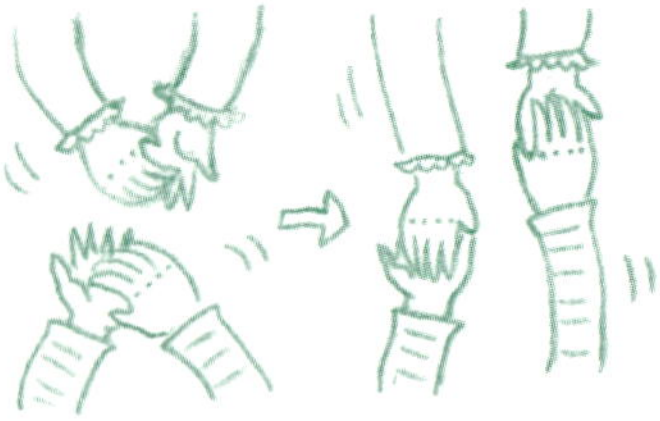

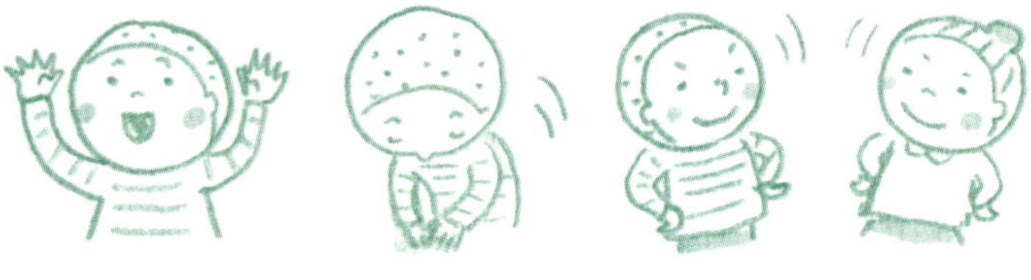

❶２人で向き合い、自分の左手を右手で叩いてから相手の左手を叩く。これを３回。

❷じゃんけんをする。

❸勝った人は「かったよ」とうたいながら両手をあげ、負けた人は「まけたよ」とおじぎする。あいこの時は「どうじで」と腰に手をあて、すぐに「おちゃらかホイ」と〝おちゃらかじゃんけん〟をくり返す。

※終わりがないので好きなだけ続けたり、何回戦などと決めておき、勝敗を競い合うこともできます。

せっせっせーの
よいよいよい
おちゃらか おちゃらか おちゃらか ホイ
おちゃらか かったよ まけたよ どうじで おちゃらか ホイ

2人　手・指　じゃんけん　集団

チョンあいこ　❖遊び方

構成音▶ 

２人で向かい合って遊ぶ。最後に「てっぽう」「コンコン」「だんな」の動作でじゃんけんをする。てっぽうはコンコンに勝ち、コンコンはだんなに勝ち、だんなはてっぽうに勝つ（これを〝庄屋拳《しょうやけん》〟という）。

チョン　あいこ（× 2）

❶「チョン」で手拍子。「あいこ」で相手の両手と打ち合わせる。これを２回。

チョン チョン

❷２回手拍子。

あいこ あいこ

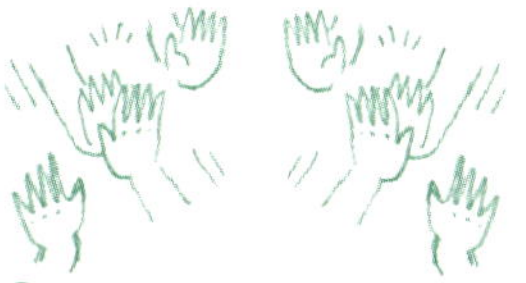

❸右手と右手、次に左手と左手を打ち合わせる。

チョチョンが

❹２回手拍子。

なんだそうで

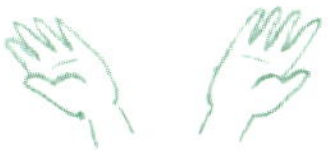

❺両手を上向き。

チョチョンが

❻２回手拍子。

てっぽう

鉄炮の形

コンコン

キツネのまね

だんな

いばる

【バリエーション】

★大勢で遊ぶ

敗者は勝者の後ろにつながり、先頭同士で勝負をくり返す。チャンピオンチームが決まるまで遊ぶ。

せっせっせーのよいよいよい
チョン あい こ　チョン あい こ　チョン　チョン　あい こ あい こ　チョ チョン が　なん だ そう で　チョ チョ ン が
てっ ぽう
コン コン
だん な

2人　手・指　輪　集団

じっちゃこばっちゃこ　❖遊び方

構成音▶ 

２人で向かい合って遊ぶ。❶～❽をくり返す。

じっ

❶手拍子１回。

ちゃこ

❷右手同士を打ち合わせる。

ばっ

❸手拍子１回。

ちゃこ

❹左手同士を打ち合わせる。

たこ

❺手拍子１回。

あげ

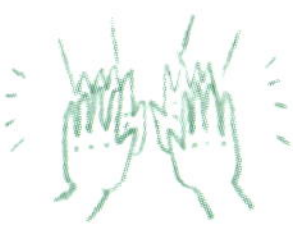

❻相手と両手を打ち合わせる。

て

❼手拍子１回。

（休み）

❽両膝を両手で打つ。

【バリエーション】

A 縄跳びで遊ぶ

B 大勢で遊ぶ

（1）２人ずつ向き合って大きな輪を作る。

（2）１回終わったら、１人分ずつそれぞれ前に進んで相手をかえ、遊びをくり返す。

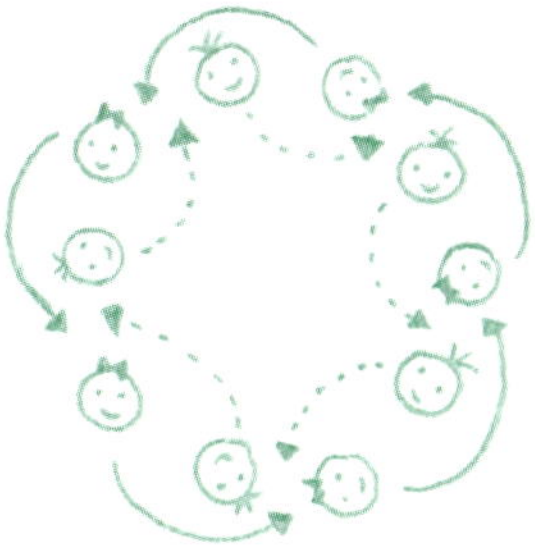

せっせっせーのよいよいよい
じっ ちゃ こ　ばっ ちゃ こ　た こ あ げ　て　でん しん　ば し ら さ　ひ か がっ　て　お どう
あ ばあ　ー　た す け で　け　れ　は し ご こ　ね　く て　と　ら え　ね

じゅうごやさんのもちつき

じゅうごやさんのもちつきは
トーントーン　トッテッタ
トーントーン　トッテッタ
トッテトッテトッテッタ
おっこねた　おっこねた
おっこねおっこねおっこねた
トッツイタ　トッツイタ
トッツイトッツイトッツイタ
シャーンシャーン　シャンシャンシャン
シャーンシャーン　シャンシャンシャン
トッテットッテットッテッタ

桃太郎《ももたろう》

桃太郎《ももたろう》さん桃太郎《ももたろう》さん
お腰《こし》につけた黍団子《きびだんご》
ひとつわたしにくださいな

やりましょうやりましょう
これから鬼《おに》の征伐《せいばつ》に
ついて行《い》くならやりましょう

行《い》きましょう行《い》きましょう
あなたについてどこまでも
けらいになって行《い》きましょう

そりゃ進《すす》めそりゃ進《すす》め
一度《いちど》に攻《せ》めて攻《せ》めやぶり
つぶしてしまえ鬼《おに》が島《しま》

おもしろいおもしろい
のこらず鬼《おに》を攻《せ》めふせて
ぶんどりものをえんやらや

万々歳《ばんばんざい》　万々歳《ばんばんざい》
おともの犬《いぬ》や猿雉子《さるきじ》は
勇《いさ》んで車《くるま》をえんやらや

茶摘《ちゃつ》み

夏《なつ》も近《ちか》づく八 十 八《はちじゅうはち》夜《や》
野《の》にも山《やま》にも若葉《わかば》が茂《しげ》る
「あれに見《み》えるは茶摘《ちゃつ》みじゃないか
あかねだすきにすげの笠《かさ》」

日和《ひより》つづきの今日《きょう》此頃《このごろ》を
心《こころ》のどかに摘《つ》みつつ歌《うた》う
「摘《つ》めよ摘《つ》め摘《つ》め摘《つ》まねばならぬ
摘《つ》まにゃ日本《にほん》の茶《ちゃ》にならぬ」

※立春から数えて 88 日目を八十八夜と言います。茶どころでは茶摘みの最盛期。「あかねたすき」= 茜で赤く染めたたすき。

2人 手・指 1人 じゅうごやさんのもちつき ❖遊び方

構成音▶

2人で向かい合って遊ぶ。Aの人（こね手）は5パターンの動作を行うが、Bの人（つき手）はずっと同じ動作をくり返す。

❶「じゅうごや～トッ」まで、AもBも右手を高く上げて左手を叩く（拍に合わせて）。「テッ」でAはBの左手を叩き、「タ」で自分の手を叩く。

Bの人は最初から最後までこの上下動を続ける
A
B

じゅうごやさんのもちつきは トーントーントッ → テッ → タ
→ トッ → テッ
→ トッ → テッ
→ トッ → テッ → タ

❷「おっ」で自分の手を叩き、「こね」でAはBの左手の上でこねるように右手の先を左にまわす。「た」で自分の手を叩く。

おっ → こね → た
おっ → こね → た
おっ → こね
おっ → こね
おっ → こね → た

❸「トッ」でAは左右から両手を叩く。「ツイ」で、その手をBの左手の上に突き出す。「タ」は「トッ」と同じ動作。

トッ → ツイ → タ
トッ → ツイ → タ
トッ → ツイ
トッ → ツイ
トッ → ツイ → タ

❹「シャーンシャーンシャン」の時、AはBの左横で3回上下に手を叩き、次の「シャン」でBの手の間で叩き、最後の「シャン」でBの右横で叩く。次は右から左へ。

シャーンシャーンシャン → シャン → シャン
シャーンシャーンシャン → シャン → シャン

❺「トッ」でAはBの上で手を叩き、「テッ」でBの間で叩き、次の「トッ」でBの下で叩く。今度は下から上へ、上下にこの動作をくり返す。

トッ → テッ → トッ
トッ ← テッ ←
→ テッ → タ

【バリエーション】

★1人遊び

両手をAとBにわけ、親指を左手、人さし指を右手に見立てて遊ぶ。

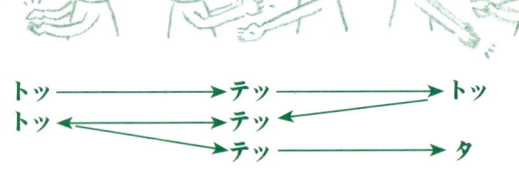

※ほとんど音程をつけずに、言葉をリズミカルに唱えるだけで遊ぶ地方もあります。

せっせっせーの よいよいよい
じゅう ご や さん の も ち つ き は トーン トーン トッ テッ タ トーン トーン トッ テッ タ トッ テ トッ テ
トッ テッ タ おっ こ ね た おっ こ ね た おっ こ ね おっ こ ね おっ こ ね た トッ ツ イ タ トッ ツ イ タ
トッ ツイ トッ ツイ トッ ツイ タ シャーン シャーン シャン シャン シャン シャーン シャーン シャン シャン シャン トッ テッ トッ テッ トッ テッ タ

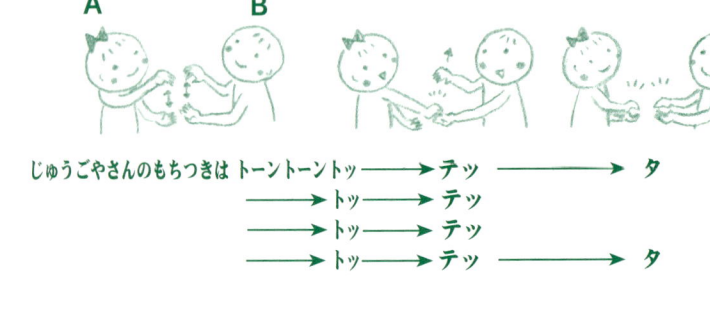

2人 手・指 じゃんけん　桃太郎 ❖遊び方

２人で向かい合う。手合わせの合間に「グー」「チョキ」「パー」を順番に出して遊ぶ。

ももたろうさんももたろう

❶１拍目で左の手のひらを右手で叩き、２拍目で相手の左手を叩く。この動作をくり返す。

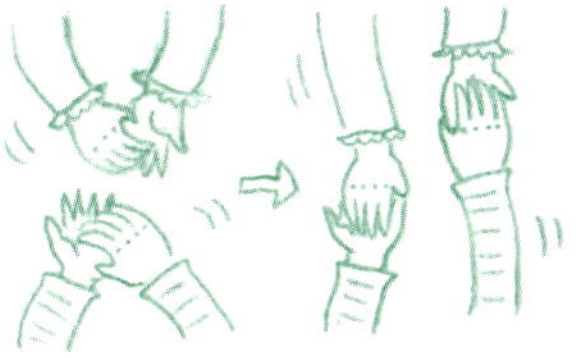

さん

❷両者グーを出す。

おこしにつけたきびだん

❸ ❶のくり返し。

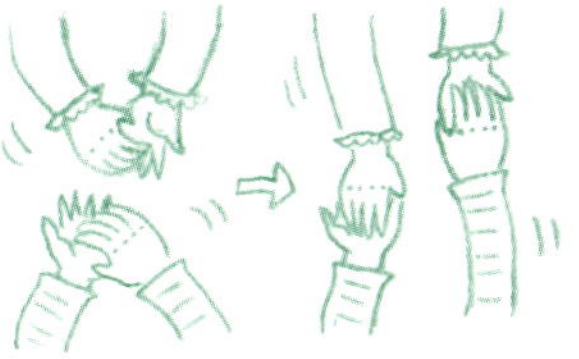

ご

❹両者チョキを出す。

ひとつわたしにください

❺ ❶のくり返し。
だんだん早くして遊ぶと、まちがえておもしろい。

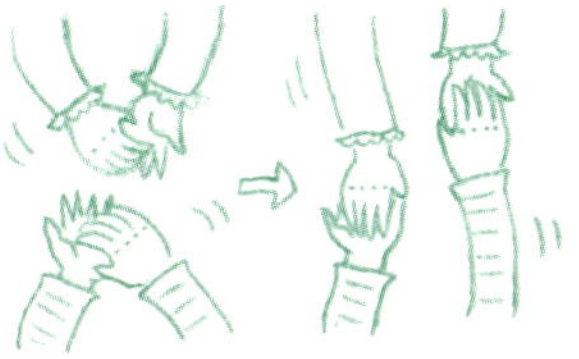

な

❻両者パーを出す。

※遊びながらうたう時には  のリズムが  と、リズミカルに変化していきます。　※６番まであります(p.59参照)。

文部省唱歌
作詞者不詳　作曲／岡野貞一

せっせっせーの よいよいよい
も も たろうさん も も たろう さん おこしに つけた きびだん ご ひとつ わたしに ください な

2人 手・指　茶摘み ❖遊び方

２人で向かい合い、❶❷をくり返して遊ぶ。（トントン）でテンポよく両手を合わせ、次の動作に移る。

なつもちかづくはちじゅうはちや

❶最初の休符で両手を叩き、２拍目で相手と右手を打ち合わせる。３拍目で両手を叩き、今度は左手を打ち合わせる。このくり返し。

（トントン）

❷相手と２回両手を打ち合わせる。

文部省唱歌

せっせっせーの よいよいよい
なつも ちかづく はちじゅう はちや (トン トン) のにも やまにも わかばが しげる (トン
トン) あれに みえるは ちゃつみじゃ ないか (トン トン) あかね だすきに すげのか さ (トン トン)

みかんの花《はな》咲《さ》く丘《おか》

みかんの花《はな》が　咲《さ》いている
思《おも》い出《で》の道《みち》　丘《おか》の道《みち》
はるかに見《み》える　青《あお》い海《うみ》
お船《ふね》が遠《とお》く　かすんでる

黒《くろ》い煙《けむり》を　はきながら
お船《ふね》はどこへ　行《い》くのでしょう
波《なみ》に揺《ゆ》られて　島《しま》のかげ
汽笛《きてき》がぼうと　鳴《な》りました

いつか来《き》た丘《おか》　母《かあ》さんと
一緒《いっしょ》に眺《なが》めた　あの島《しま》よ
今日《きょう》もひとりで　見《み》ていると
やさしい母《かあ》さん　思《おも》われる

アルプス一万尺《いちまんじゃく》

アルプス一万尺《いちまんじゃく》　こやりのうえで
アルペンおどりを　さあおどりましょう
ラララランランランランランラン　ラララランランランランラン
ラララランランランランランラン　ランランランランラン

お花畑《はなばたけ》で　ひるねをすれば
ちょうちょがとんできて　キッスをする
ラララランランランランランラン　ラララランランランランラン
ラララランランランランランラン　ランランランランラン

一万尺《いちまんじゃく》に　テントをはれば
星《ほし》のランプに手《て》がとどく
ラララランランランランランラン　ラララランランランランラン
ラララランランランランランラン　ランランランランラン

きのう見《み》た夢《ゆめ》　でっかいちいさい夢《ゆめ》だよ
のみがリュックしょって　富士登山《ふじとざん》
ラララランランランランランラン　ラララランランランランラン
ラララランランランランランラン　ランランランランラン

2人 手・指 みかんの花咲く丘 ❖遊び方

２人で向かい合い、下記の❶〜⓬の動作をくり返す。後半（⓾〜⓬）で２人の動作が上下逆になる。

み

❶１回手拍子。

ー

❷相手と右手の甲を合わせる。

か

❸右手のひらを打ち合わせる。

ん

❹１回手拍子。

ー

❺相手と左手の甲を合わせる。

の

❻左手のひらを打ち合わせる。

は

❼１回手拍子。

ー

❽相手と手のひらを上下で打ち合わせる（右手が下向き。左手が上向き）。

な

❾反対にして打ち合わせる（左手が下向き。右手が上向き）。

正面図

が

⓾上と下で手拍子。
（あらかじめ上下を決めておいても、その場で瞬時に決めてもいい。）

ー

⓫上下で手のひらを打ち合わせる。

ー

⓬上下を反対にして打ち合わせる。

作詞／加藤省吾　作曲／海沼実

せっせっせーの よいよいよい
み か ん の は な が さ ー い て い る ー お も い で の み ち ー お か の ー み ち ー
は る か に み え る あ お い う み ー お ふ ね ー が と お く か す ん で る ー

2人 手・指

アルプス一万尺 ❖遊び方

２人で向かい合い、下記の❶～⓭の動作を４回くり返す。

ア

❶１回手拍子。

ル

❷相手と右手を合わせる。

プ

❸１回手拍子。

ス

❹相手と左手を合わせる。

いち

❺１回手拍子。

まん

❻両手を合わせる。

じゃ

❼１回手拍子。

く

❽指を組んでそらせ、手のひら側を相手に向けて合わせる。

こや

❾２回手を叩く。

り

❿右ひじを立て、左手でさわる。

の

⓫左ひじを立て、右手でさわる。

う

⓬腰に両手をあてる。

えで

⓭左手をのばして、ひじのあたりに右手を置き、互いの右ひじを左手でつかむ。

作詞者不明　　アメリカ民謡

せっせっせーの よいよいよい
ア ル プ ス いちまん じゃく こ や り の う え で ア ル ペ ン お ど り を さ あ お ど りま しょう
ラ ラ ランラン ラン ラン ラン ラン ラ ラ ランラン ランランラン ラ ラ ランラン ラン ラン ラン ラン ラン ラン ラン ラン ラン

線路《せんろ》は続《つづ》くよどこまでも

線路《せんろ》は続《つづ》くよ　どこまでも
野《の》をこえ山《やま》こえ　谷《たに》こえて
はるかな町《まち》まで　ぼくたちの
たのしい旅《たび》の夢《ゆめ》　つないでる

線路《せんろ》は歌《うた》うよ　いつまでも
列車《れっしゃ》のひびきを　追《お》いかけて
リズムに合《あ》わせて　ぼくたちも
たのしい旅《たび》の歌《うた》　歌《うた》おうよ

2人 手・指 線路は続くよどこまでも ❖遊び方

２人で向かい合って、下記の❶～❼の動作を８回くり返す。

せ

❶１回手拍子。

ん

❷相手と右手を打ち合わせる。

ろは

❸１回手拍子。

つづ

❹相手と左手を打ち合わせる。

く

❺相手と右手を押し付け合う。

ー

❻相手と左手を押し付け合う。

よ

❼左手を残したまま相手と右手を２回打ち合わせる。

作詞　佐々木敏　　アメリカ民謡

せっせっせーの
よいよいよい
せ ん ろ は つ づ く よ ど こ ま で も
の を こ え や ま こ え た に こ え て
は る か な ま ち ま で ぼ く た ち の
た の し い た び の ゆ め つ な い で る

コラム 手合わせ遊びを作ってみましょう

子どもと一緒に好きなうたを選び、手の動きのパターンを組み合わせて、「せっせっせ」ではじまるオリジナルの手合わせ遊びを作ってみましょう！　子どもと相談しながら遊びを作ることで、今までにはない心の通った楽しい世界が２人の間に生まれます。

手合わせ遊びのよいところ

1. 拍子をきちんと取るよい練習になります。
2. 子どものアイディアで遊び方を創作することで創造性が育ちます。
3. 手のぬくもりを感じながら遊ぶことで、仲良くなれます。
4. 子どもにとって、遊びの数分間は相手を独り占めし、満足できる至福の時。
先生にとっては短くても、ひとりひとりと向き合える貴重な時間です。
5. １曲の長さが短く、何の道具もいらないので、ちょっとした時間に手軽にできます。

どんな時に遊ぶといいか（園で、家庭で）

1. 転んで泣いている子の傷の手当ての後に。１曲一緒に手合わせをしてから、遊びに送り出してみましょう。泣いたことなど忘れてしまうかもしれません。
2. お迎えのお母さんを待って心細くなっている時に。
3. お兄ちゃんやお姉ちゃんが甘えられるように、赤ちゃんの眠っている間に。
4. バスを待っている間やお風呂の中で。

作り方のポイント

- 何拍子の曲であるかを、膝を叩きながら少しうたってみて判断します。少し強めに叩きたくなったところから、次に強く叩いたところまでの数を数えれば、何拍子なのかがわかります。
- 子どもの発達に合わせ、シンプルな手の動きを相談し、くり返して遊びましょう。
乳児の場合、例えば大人が１（自分で手拍子）、２（赤ちゃんの手を握る）と１、２をくり返すだけでもいいでしょう。
- 年長児になると複雑で長いパターンをやりたがりますが、あまり長いくり返しは避けましょう（長いと１、２回やって終わってしまいます。パターンをくり返すことに意味があるのです）。
- ３拍子のうたはとても少ないので意識的に取り上げて遊びましょう。１拍目は自分自身で手拍子する方が拍子を感じやすくてよいでしょう。

２拍子の曲の例　ぶんぶんぶん・かたつむり・まつぼっくり・あめふりくまのこ

４拍子の曲の例　めだかのがっこう・バスごっこ・大きな古時計・アイアイ・さんぽ

３拍子の曲の例　ありさんのおはなし・うみ・こいのぼり・山のようちえん・ハッピーバースデー

子守うた①

遊ばせうたの章

子どもを遊ばせるうたも、文字通り子どもを
守りする子守うたの一部です。

赤ちゃんは言葉を発するずっと前から、人の表情、まなざし、動きなどをじっと見ています。目と目を合わせ、愛情を感じ取りながら「生まれてきてよかった」「生きていていいのだ」と、自己肯定を強めていくのです。
また遊ばせうたで遊んでいる時の赤ちゃんの笑顔は、育児の最中の保育者や親への贈り物です。

だるまさん

だるまさん　だるまさん　にらめっこしましょ
わらうとまけよ　あっぷっぷ

※こういった遊びで、赤ちゃんは人と目を合わせることを覚えます。

ここはとうちゃんにんどころ

ここはとうちゃんにんどころ
ここはかあちゃんにんどころ
ここはじいちゃんにんどころ
ここはばあちゃんにんどころ
ここはねえちゃんにんどころ
だいどーだいどー
こちょこちょこちょこちょ

※「にんどころ」とは「似ているところ」という意味。ここはお父さんに、ここはお母さんに似ているね。あなたは家族みんなの血をひいて生まれたのよ。みんなで生まれてくるのを待っていたのよ。と、赤ちゃんにうたって聞かせる遊ばせうたです。

おおさかみたか

ええとこみせたろかァ
おおさかみたか　きょうみたか

ちょちちょち

ちょちちょちあわわ
かいぐりかいぐり　とっとのめ
おつむてんてん　ひじポンポン

2人 顔 集団 あやし　だるまさん ❖遊び方

構成音▶ 

だるまさん～わらうとまけよ

❶２人で向かい合ってうたう。

あっぷっぷ

❷おもしろい顔をしてにらめっこ。
相手を笑わせた方が勝ち。

【バリエーション】

A ３人以上で遊ぶ
「わらうとぬかす」とうたい、
笑った人を抜かしていく。

B 赤ちゃんに遊んであげる
膝にのせ、リズムに合わせて
膝を上下させながらうたい、
おもしろい顔を見せる。

※両手で自分の顔にさわってもよいルールにするとまた楽しい。
※全国で歌詞をかえ、うたわれています。

だるまさん　だるまさん　にらめっこしましょ　わらうとまけよ　あっ　ぷっ　ぷっ

あやし 顔 唱え　ここはとうちゃんにんどころ ❖遊び方

赤ちゃんを抱いて、顔をさわって遊ぶ。その子の家族構成に合わせてかえうたにするとよい。

ここはとうちゃんにんどころ

❶人さし指で右の頬を４回
優しくつつく（•のところ）。

ここはかあちゃんにんどころ

❷左の頬を４回つつく。

ここはじいちゃんにんどころ

❸おでこを４回つつく。

ここはばあちゃんにんどころ

❹あごを４回つつく。

ここはねえちゃんにんどころ

❺鼻を４回つつく。

だいどーだいどー

❻手のひらで顔に２回円を描く
（おまじないをかけるように）。

こちょこちょこちょこちょ

❼体をくすぐる。

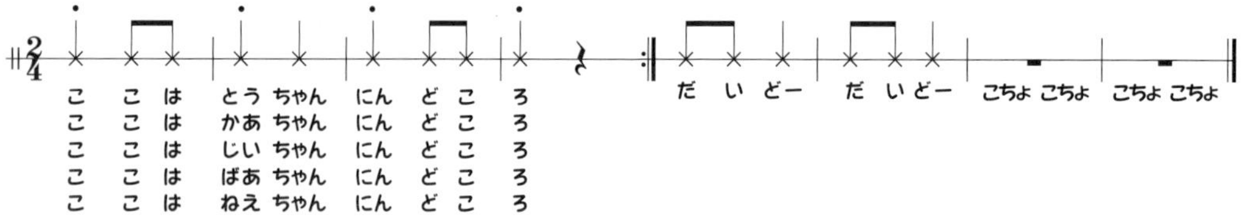
こ こ は とう ちゃん にん ど こ ろ
こ こ は かあ ちゃん にん ど こ ろ
こ こ は じい ちゃん にん ど こ ろ
こ こ は ばあ ちゃん にん ど こ ろ
こ こ は ねえ ちゃん にん ど こ ろ
だ い どー だ い どー こちょ こちょ こちょ こちょ

あやし 全身　おおさかみたか ❖遊び方

構成音▶ 

「ええとこみせたろかァ」で抱き上げて、高い高いをする。

※大阪や京都に近い滋賀県や、富山県に伝わるわらべうたです。

ええとこ
みせたろかァ

え え と こ み せ た ろ かァ～
おお さ か み た か きょ う み た か
(大阪)
(京都)

あやし 顔 まねっこ 唱え　ちょちちょち ❖遊び方

大人が足をのばして座り、赤ちゃんを抱いて向き合って、両手を持ってあやして遊ぶ（後ろ向きに抱いてあやしてもよい）。

ちょちちょち

❶手拍子２回。

あわわ

❷口に手を３回あてる（口はあけたまま）。

かいぐりかいぐり

❸握った両手をぐるぐる回す。

とっとのめ

❹両手の人さし指で目尻をさす。

おつむてんてん

❺両手で頭を叩く。

ひじポンポン

❻左のひじを２回叩く（「おなか」「おしり」などにかえても楽しい）。

【バリエーション】

少し大きくなったら、向かい合ってまねっこ遊びをする。

※「ちょちちょち」は手拍子をすること、「かいぐり」は両手をぐるぐる回すことです。

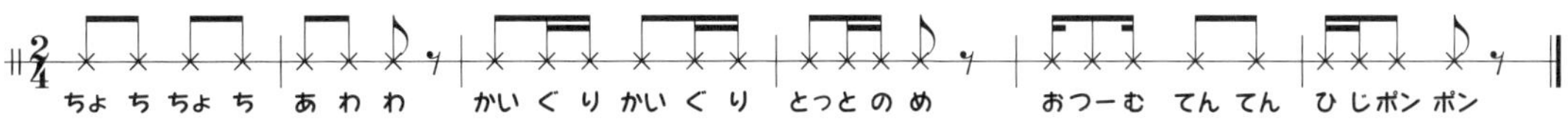
ちょ ち ちょ ち あ わ わ かい ぐ り かい ぐ り とっと の め おつーむ てん てん ひ じポン ポン

ふくすけさん

ふくすけさん　えんどうまめがこげるよ
はやくいってかんましな

※ぷくっとふくらんだ赤ちゃんの足の指をえんどうまめに見立てて遊びます。

いっぽんばしこちょこちょ

いっぽんばし　こちょこちょ
にほんばし　つねって
さんぼんばし　ひっかいて
よんほんばし　ひっぱって
ごほんばし　たたいて
かいだんのぼって　またおりて
かいだんのぼって　こちょこちょ

おふねはぎっちらこ

おふねはぎっちらこ
ぎっちらぎっちらぎっちらこ

※のんびりこいだり、大波にあおられたりする様子を、全身で表します。

どんぶかっか

どんぶかっか　すっかっか
あったまってあがれ
かわらのどじょうが　こがいをうんで
あずきかまめか　つずらのこつずらのこ

※子どもをお風呂につからせる時の遊ばせうたです。

あやし　数　手・指　ふくすけさん ❖遊び方

構成音▶

子どもの足の指を、えんどう豆に見立てる。１「親指」　２「人さし指」　３「中指」　４「薬指」　５「小指」と指番号をつけ、順番に指し示していく。

ふく	すけ	さん	（休）	えん	どう	ま	めが	こ	げる	よ	（休）
1	2	3		4	5	4	3	2	1	2	

は	やく	いっ	て	かん	まし	な	（休）
3	4	5	4	3	2	1	

★親指から順に、１本ずつつまんでいく（休符は休む）。
小指までいったらまた戻る。
うたの終わりに最初の親指に戻る。

※足の指への刺激は脳の発達をうながすそうです。昔の人の知恵ですね。

あやし　数　手・指　いっぽんばしこちょこちょ ❖遊び方

構成音▶

向き合って座り、自分の手に子どもの手のひらをのせて遊ぶ。

いっぽんばし

❶１本指で手のひらをなぞる。

こちょこちょ

❷手のひらをくすぐる。

にほんばし

❸２本指で手のひらをなぞる。

つねって

❹手のひら（または甲）をつねる。

さんぼんばし

❺３本指で手のひらをなぞる。

ひっかいて

❻手のひらをひっかく。

よんほんばし

❼４本指で手のひらをなぞる。

ひっぱって

❽手のひらをひっぱる。

ごほんばし

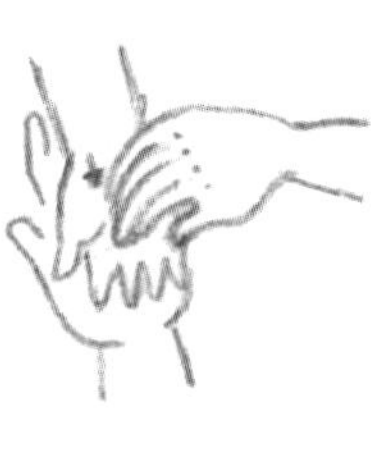

❾５本指で手のひらをなぞる。

たたいて

❿手のひらを叩く。

かいだんのぼって　またおりて

⓫人さし指と中指で腕をのぼり、またおりる。２、３回くり返す。

かいだんのぼって　こちょこちょ

⓬１回腕をのぼってから体をくすぐる。

※歌詞も遊び方も地方ごとにたくさんのバリエーションがあります。月齢の低い赤ちゃんには「いっぽんばし」だけで遊んであげましょう。

あやし　全身　唱え　おふねはぎっちらこ ❖遊び方

体を船に見立てる。ゆっくりこいだり、早くこいだり、大波がきたりと、いろいろな船を楽しもう。

★足をのばして座ったところに子どもを乗せて向き合い、両手をつなぐ。
前後に押したり引いたり、早くこいだりして遊ぶ。

おふねは　ぎっちらこ　ぎっちらぎっちら　ぎっちらこ

あやし　全身　どんぶかっか ❖遊び方

構成音▶

元は２人でお風呂に入り、子どもをつからせながらうたったうた。

★足をのばして座ったところに子どもを乗せて向き合い、両手をつなぐ。
ひざを上下に上げたり下げたりして遊ぶ。

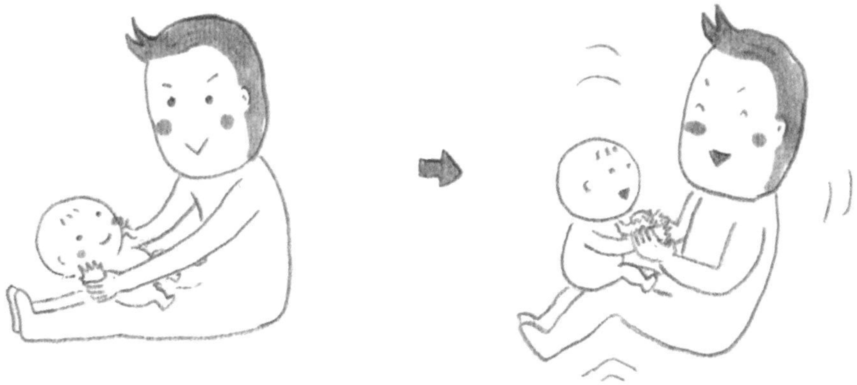

どんぶかっか　すっかっか　あったまって　あがれ　かわらの　どじょうが
こがいを　うんで　あずきか　まめか　つずらのこ　つずらのこ

あやし　顔　あがりめさがりめ ❖遊び方

構成音▶

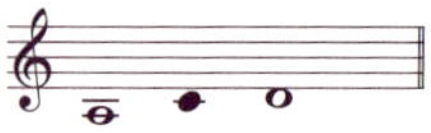

向き合って座り、両手の人さし指で子どもの目尻を動かして遊ぶ。

※地方によって「さるの目」「きつねの目」など、歌詞が違ったりします。

あがりめ

❶子どもの目尻を上げる。

さがりめ

❷目尻を下げる。

ぐるりとまわして

❸目尻をぐるっと回す。

ねこのめ

❹目尻を引っ張る（または目頭に寄せる）。

あがりめ　さがりめ
ぐるりとまわして
ねこのめ

【バリエーション】

★赤ちゃんには、大人が自分の顔でやって見せてあげるのも楽しい。

あ が り め　さ が り め　ぐ る り と　ま わ し て　ね こ の め

あやし　顔　唱え　いないいないばあ ❖遊び方

いないいないばあ

いないいない

❶両手で顔をかくす。

ばあ

❷笑った顔を出す（最高の笑顔で）。

【バリエーション】

★手の横や下から顔を出したり、ハンカチで顔をかくしたり、カーテンのかげに隠れるなど、いろいろ工夫をして遊ぶ。

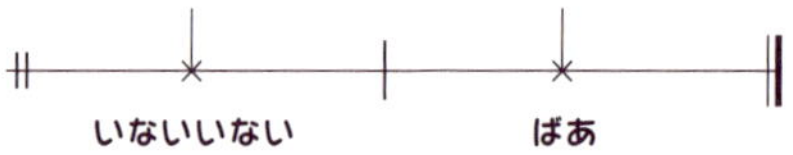

いないいない
ばあ

あやし　全身　唱え

あんよはじょうず ❖遊び方

子どもの歩行を励ます遊び。

あんよはじょうず
ころぶはおへた

★子どもの歩みに合わせて、手を叩き、唱えるようにうたう。

★大人の足に子どもの足を乗せて、うたいながら1小節で1歩、左右に足を進めてみよう。

※「あんよはじょうず」の部分だけを何度もくり返してもいいでしょう。

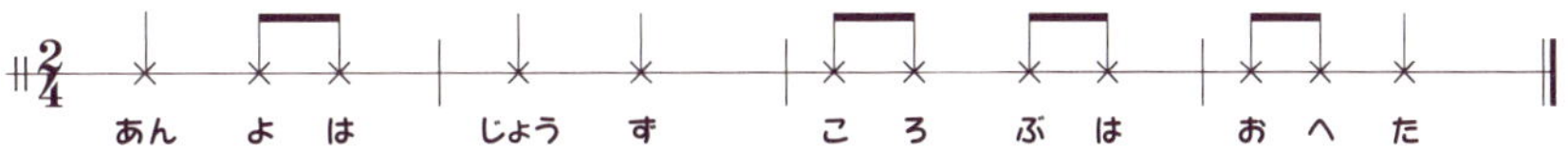

2/4
あん よ は じょう ず こ ろ ぶ は お へ た

1人 手・指 あやし まねっこ　こどもとこどもがけんかして ❖遊び方　構成音▶ 

こどもとこどもがけんかして

❶小指と小指を交互に打ち合わせる。

くすりやさんがとめたけど

❷薬指を交互に打ち合わせる。

こどもとこどもがけんかして
くすりやさんがとめたけど
なかなかなかなかとまらない
ひとたちゃわらう
おやたちゃおこる　ぷんぷん！

なかなか～とまらない

❸中指を交互に打ち合わせる。

ひとたちゃわらう

❹人さし指を交互に打ち合わせる。

おやたちゃおこる

❺親指を交互に打ち合わせる。

ぷんぷん！

❻親指を２回そらす。

【バリエーション】

★まだ１人で遊べない子どもには、大人がうたいながら指をさわってあげる。
★指を１本ずつ立てられない子どもは、両手を開いたまま遊ぶ。
★向かい合ってまねっこ遊びをしてもよい。

あやし 唱え　なきむしけむし ❖遊び方　構成音▶ 

泣いている子が泣き止むようにするためのオマジナイのうた。

なきむしけむし
はさんですてろ

❶１拍ごとに子どもの体のあちこちにふれていく（おでこ、ほっぺ、おなか、ひざ、など）。

❷「あっ、とんでった」と遠くを指さすと、子どもの気持ちもそれていく。

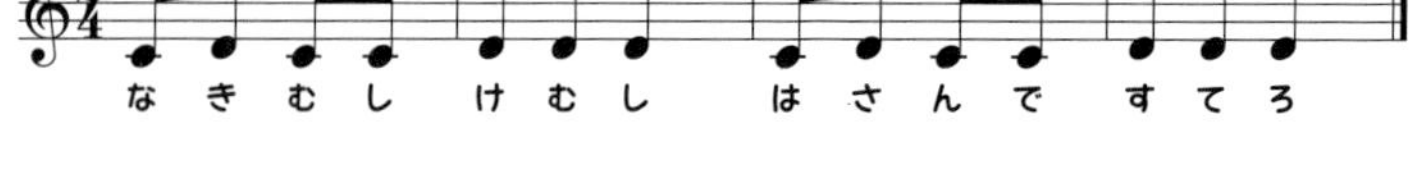

あやし　顔　唱え　はなはな ❖遊び方

大人が子どもの顔にふれて遊ぶ。

❶「はな　はな　はな　はな」で子どもの鼻を人さし指でさわり、次の場所（例えば「みみ」）にすばやく移動させる。

❷次は「みみ　みみ　みみ…」からはじめ、いろいろな場所をさわって遊ぶ。
※移動する時、もったいぶって間をとると楽しい。

みみ みみ
…

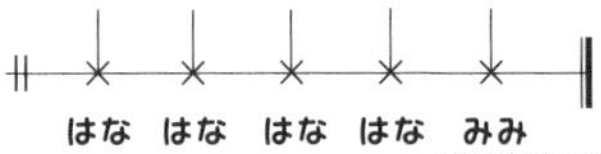

はな　はな　はな　はな　みみ
（体の部位の名称）

はな　はな　はな　はな
（みみ）

【バリエーション】

★顔だけでなく、「おなか」「足」などにも移動させて遊ぶ。

1人　あやし　数　手・指　いちにのさん ❖遊び方

構成音▶ 

１「親指」 ２「人さし指」 ３「中指」 ４「薬指」 ５「小指」と指番号をつけ、その（自分の、または相手の）指をつまんで遊ぶ。
※ピアノを弾く時の指番号と同じです。

いちにのさん　にのしのご
さんいちにのしの
にのしのご

いち

❶右手の親指と人さし指で、左手の親指をつまむ。

にの

❷人さし指をつまむ。

さん、

❸中指をつまむ。

にの

❹人さし指をつまむ。

しの

❺薬指をつまむ。

ご、

❻小指をつまむ。

さん

❼中指をつまむ。

いち

❽親指をつまむ。

にの

❾人さし指をつまむ。

しの

❿薬指をつまむ。

にの

⓫人さし指をつまむ。

しの

⓬薬指をつまむ。

ご

⓭小指をつまむ。

【バリエーション】

★両手のひらを合わせる。「いち」で親指を一度離してまたつける。「にの」で人さし指を離してまたつける。この要領で、うたいながら指番号の通りに指を離したりつけたりする。最初はゆっくり。だんだん早く！

1 2 3 4 5

※このように両手を合わせると、体に近い方から１、２、３…の順です。

（例）

5	
3	4
1	2

※地面に線や番号を書いて石けりにしたり、番号の順に片足とびをしたりして遊ぶ地方もあります。

い ち にの さ ー ん に の し の ご さ ん い ち に の し の に の し の ご

げんこつやまのたぬきさん

げんこつやまの　たぬきさん
おっぱいのんで　ねんねして
だっこして　おんぶして
またあした

げんこつやまのたぬきさん ❖遊び方

構成音▶ 

げんこつやまのたぬきさん

❶握った両手（げんこつ）を上下を入れかえながら7回打ち合わせる。

おっぱいのんで

❷ミルクびんを持つように両手をかまえ、2回パクパクさせる。

ねんねして

❸両手を合わせて頬にあてながら、左、右と体を傾ける。

だっこして

❹両手を交差させて胸にあてる。

おんぶして

❺両手を後ろに回して、おんぶのまねをする。

またあし

❻両手を握り、胸の前でグルグル回す。

た

❼相手とじゃんけんをする。

※これを唱えて遊ぶこともあります。

※普通のわらべうたと違い、この曲はNHKテレビ「みんなのうた」によって全国に一度に広まりました。

せっせっせーの よいよいよい
げん こ つ や ま の た ぬ き さ ん
おっ ぱ い の ん で ね ん ね し て
だっ こ し て おん ぶ し て ま た あ し た

2人 集団 唱え　さよならあんころもち　遊び方

構成音▶ 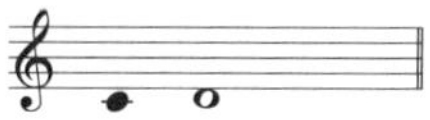

※わずか２音でできているわらべうたです。

「さようなら」「またきてね」の思いを込めてうたううた。
降園の時や、友だちとバイバイする時に。

さよならあんころもち
またきなこ

さよならあんころもち、
またきなこ♪

★２人で向き合って両方の手をつなぎ、左右に揺する。

ばいばい！
またあしたね！

★つないだ手を振りながらうたい、さよならして別れる。

※「あんころもち」は、あんこのおもちのこと。「またきなこ」はきなこもちと、「また来てね」をかけています。

さ よ な ら あん こ ろ も ち ま た き な こ

子守うた②

眠らせうたと守子《もりこ》うたの章

まだしゃべれない赤ちゃんにもたくさんうたいかけてほしいと思います。返事はできなくても聞いた言葉やメロディーは、しっかり体の中にため込まれ、ある日突然子ども自身の中から飛び出してきます。
子守うたはすてきなピアノ伴奏付きで作曲されているものもありますが、本書にはメロディーのみをのせました。膝の上でうたってあげることを想定しているためです。でも好きな曲があったら、ぜひピアノ伴奏譜を入手し、弾いてみてください。

おやゆびねむれ

おやゆびねむれ　さしゆびも
なかゆび　べにゆび　こゆびみな
ねんねしな　ねんねしな
ねんねしな

※赤ちゃんの指はまだ１本ずつしっかり動かせませんから、このように遊びながら刺激してあげると、脳や内臓にもいいそうです。
※「べにゆび」＝薬指。昔は薬指で口紅をぬっていたので紅指と呼びました。

あやし 手・指 唱え

おやゆびねむれ ❖遊び方

子どもの片手を、左の手のひらの上に上向きにのせ、うたいながら指を１本１本優しく折り曲げたり開いたりします。

※左手に子どもの手をのせ、右手でさわっていく。

おやゆびねむれ

❶親指を折る。

さしゆびも

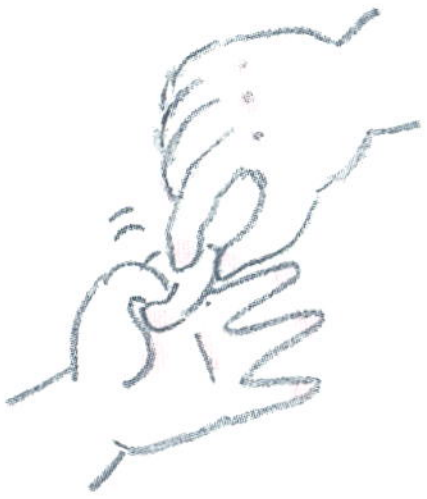

❷人さし指を折る。

なかゆび

❸中指を折る。

べにゆび

❹薬指を折る。

こゆびみな

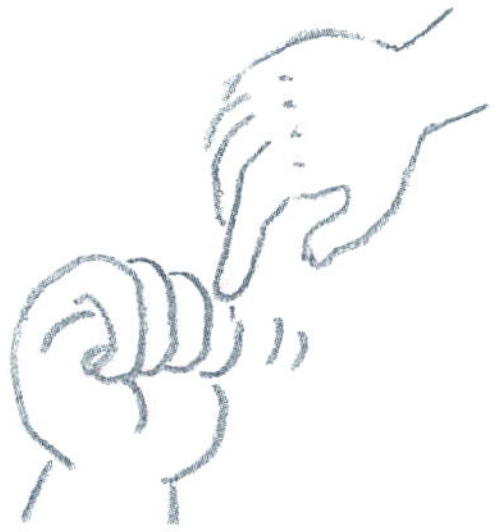

❺小指を折る。

ねんね

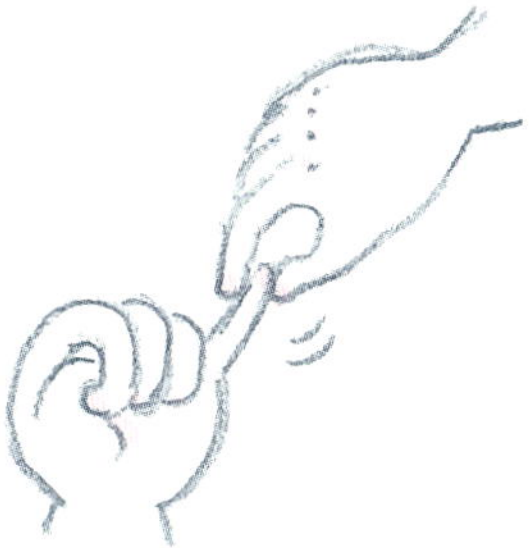

❻小指を開く。

しな

❼薬指を開く。

ねんね

❽中指を開く。

しな

❾人さし指を開く。

ねん

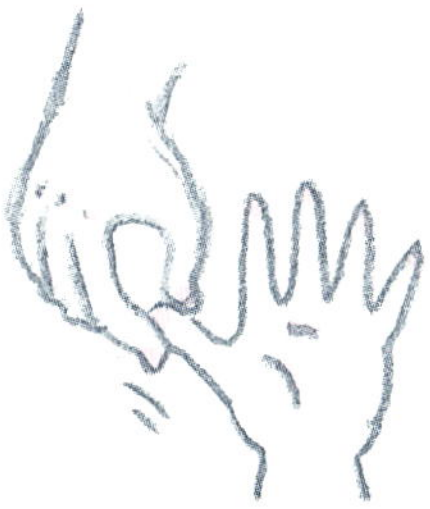

❿親指を開く。

ね し

⓫親指を曲げる。

な

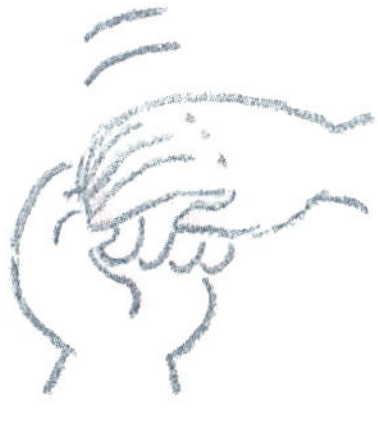

⓬残りの４本を包むように折る。

鹿児島の眠らせうた

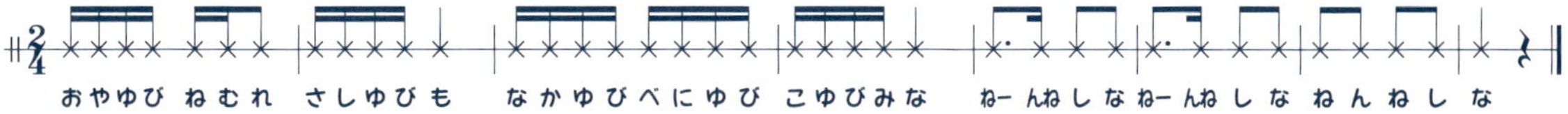
おやゆび ねむれ さしゆびも なかゆびべにゆび こゆびみな ねーんねしなねーんねしな ねんねしな

ねんねんねやま

ねんねんねやまの　こめやまち
こめやのよこちょうを　とおるとき
ちゅうちゅうねずみが　ないていた
なんのようかときいたらば
だいこくさまのおつかいに
ねんねしたこのおつかいに
ぼうやもはやくねんねしな
だいこくさまへまいります

※５つの音だけでできているやさしい子守うたです。ゆったりとした気持ちで、子どもの体をトントンとさわってあげながらうたいましょう。４番の「ぼうやもはやく〜」のところはその子の名前にしてうたってあげてもいいですね。

長野の眠らせうた

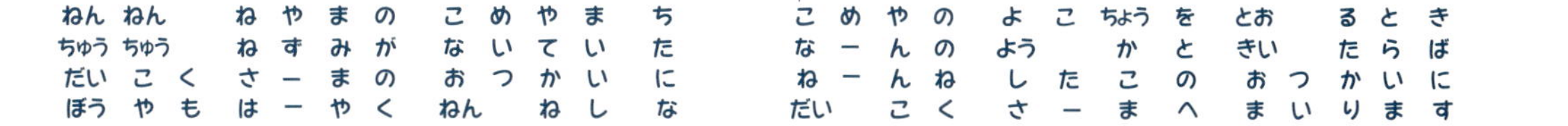

ねん ねん ね や ま の こ め や ま ち こ め や の よ こ ちょう を とお る と き
ちゅう ちゅう ね ず み が な い て い た な ー ん の よう か と きい た ら ば
だい こ く さ ー ま の お つ か い に ね ー ん ね し た こ の お つ か い に
ぼう や も は ー や く ねん ね し な だい こ く さ ー ま へ ま い り ま す

ねにゃもにゃ

青森の眠らせうた

ね にゃも にゃ ど ごえ た あのやま こ えで さ どえ た さ どのおみやに
なにもら た でんでん だいこに しょう のふ え ね んにゃ ねーんにゃ ヤイ ヤイ ヤイ

※「江戸の子守うた」の歌詞が青森に伝わり、旋律がこのように変化したようです。子守の姉さんが里帰りして、お土産を持って戻ってきたのです。　※「ねにゃもにゃ」＝「ねんねのお守りは」の意。

ねにゃもにゃ　どご行《え》た
あの山越《やまこ》えで里行《さどえ》た
里《さど》のおみやになにもらた
でんでん太鼓《だいこ》に笙《しょう》の笛《ふえ》
ねんにゃ　ねんにゃ
ヤイ　ヤイ　ヤイ

ねんねん　ころりよ
おころりよ
ぼうやは　よい子《こ》だ
ねんねしな

ぼうやの　おもりは
どこへ行《い》った
あの山越《やまこ》えて
里《さと》へ行《い》った

里《さと》の土産《みやげ》に
何《なに》もろた
でんでん太鼓《だいこ》に
笙《しょう》の笛《ふえ》

江戸《えど》の子守《こもり》うた

※日本の眠らせうたの代表的な曲です。伝えられていくうちに、旋律も歌詞も少しずつ変化していきました。この楽譜の♭を全部♮にした旋律もよくうたわれます。

日本古謡
江戸（東京）の眠らせうた

ねーん ね ん こ ろ り よ お こ ー ろ り よ ぼう や は よ い こ だ ね ん ね し な

ねむれねむれねずみのこ

ねむれねむれ　ねずみのこ
うっつけうっつけ　うさぎのこ
なくななくな　なすびのこ
ぼうやがねむったあとからは
うらのやまの　やまざるが
いっぴきとんだら　みなとんだ
そらそらねむれ　ねむれよ
そらそらねむれ　ねむれよ

※「うっつく」＝抱いたりおぶったりしている人の胸や背中に、赤ちゃんが顔をうずめること。

大分の眠らせうた

五木《いつき》の子守《こもり》うた

おどま　盆限《ぼんぎ》り盆限《ぼんぎ》り　盆《ぼん》から先《さき》ゃおらんど
盆《ぼん》が　早《は》よくりゃ　早《は》よ戻《もど》る

おどま勧進勧進《かんじんかんじん》　あん人《ひと》たちゃよか衆《し》
よか衆《し》ゃ　よか帯《おび》　よか着物《きもん》

おどんが　打死《うっちん》だちゅうて　誰《だい》が泣《なあ》てくりゅきゃ
裏《うら》ん松山《まつやま》　蝉《せみ》が鳴《な》く

おどんが　打死《うっちん》だば　道端《みちば》ちゃ　いけろ
通《とお》る人《ひと》ごち　花《はな》あぎゅう

花《はな》は　なんの花《はな》　つんつん椿《つばき》
水《みず》は天《てん》から　貰《もら》い水《みず》

※元は子守奉公に出された貧しい小作農の娘のうたですが、昭和にレコード化され、ラジオによって全国へ広まりました。
歌詞や旋律の種類は数えきれないほどあり、今は日本の代表的な民謡のひとつとして演奏されています。
※「おどま」＝自分。　「勧進」＝物乞い。

五木（熊本県）の守子うた

おどまぼんぎりぼんぎりぼんからさきゃおらんどーぼんがはよく――りゃはよもどーる

竹田《たけだ》の子守《こもり》うた

※守子の辛さ、悲しさ、貧しさを伝えるこのうたは、フォークソンググループ「赤い鳥」がうたってミリオンセラーとなりました（70 年代）。現在は社会運動のシンボル的なうたにもなっています。
※「かたびら（帷子）」＝裏地のない着物。ゆかたも帷子の一種。
「いじる」＝無理を言って困らせる、ダダをこねる。

守《も》りもいやがる　盆《ぼん》からさきにゃ
雪《ゆき》もちらつくし　子《こ》もなくし

盆《ぼん》がきたとて　なにうれしかろ
かたびらはなし　帯《おび》はなし

この子《こ》よう泣《な》く　守《も》りをばいじる
守《も》りもいちにち　やせるやら

はよも行《い》きたや　この在所《ざいしょ》こえて
むこうに見《み》えるは　親《おや》のうち

※この楽譜は「赤い鳥」のもの。

竹田（京都）の守子うた

もりもいやーがるーぼんからさきーにゃ　ゆきもちらーつくしこもーなくーし

中国《ちゅうごく》地方《ちほう》の子守《こもり》うた

※山田耕筰が子どもの時、ふるさとで聞いたメロディーに、ピアノ伴奏部を作曲した曲です。１番２番３番と歌詞が変わるごとに伴奏の形が変化するなど繊細に作られていて、現在は「日本歌曲」としてもうたわれています。

ねんねこ　しゃっしゃりませ
寝《ね》た子《こ》の　かわいさ
起《お》きて　泣《な》く子《こ》の
ねんころろ　つらにくさ
ねんころろん　ねんころろん

ねんねこ　しゃっしゃりませ
きょうは　二十五日《にじゅうごにち》さ
あすは　この子《こ》の
ねんころろ　宮参《みやまい》り
ねんころろん　ねんころろん

中国地方の眠らせうた　　編曲／山田耕筰

ゆりかごのうた

※明治時代の唱歌が文部省主導で作られてきていることに意義を唱えた
「赤い鳥運動」の中で、大正時代に作られた童謡です。

ゆりかごのうたを　カナリヤがうたうよ
ねんねこ　ねんねこ　ねんねこよ

ゆりかごの上《うえ》に　びわの実《み》が揺《ゆ》れるよ
ねんねこ　ねんねこ　ねんねこよ

ゆりかごのつなを　木《き》ねずみが揺《ゆ》するよ
ねんねこ　ねんねこ　ねんねこよ

ゆりかごのゆめに　きいろい月《つき》がかかるよ
ねんねこ　ねんねこ　ねんねこよ

作詞／北原白秋　　作曲／草川信

子《こ》守《もり》うた

※お母さんが子どもに物語ってうたいます。それを子どもは「それから母さんどうしたの」と毎回聞き返しますが、
5番ではとうとう眠ってしまいます。

「むかしむかしよ北《きた》のはて　オーロラの火《ひ》の
燃《も》えている　雪《ゆき》のお城《しろ》がありました」
「それから母《かあ》さん　どうしたの」
「だまってお聞《き》きよ　いいはなし
おはなし聞《き》いて　ねんねんよ」

「雪《ゆき》のお城《しろ》のお庭《にわ》には　氷《こおり》の花《はな》が咲《さ》いていて
雪《ゆき》の小人《こびと》が住《す》んでいた」
「ほんとに母《かあ》さん　おもしろい」
「だまってお聞《き》きよ　いいはなし
おはなし聞《き》いて　ねんねんよ」

「雪《ゆき》の小人《こびと》は 15 人《にん》　そろって白《しろ》い雪《ゆき》ぼうし
ぼうしの玉《たま》は銀《ぎん》のふさ」
「おやおや母《かあ》さん　すてきだな」
「だまってお聞《き》きよ　いいはなし
おはなし聞《き》いて　ねんねんよ」

「ぼうしのふさをふりながら
いちんち踊《おど》ってくたびれて
眠《ねむ》った小人《こびと》は 15 人《にん》」
「そうして母《かあ》さん　おしまいね」
「いえいえ　まだまだいいはなし
おはなし聞《き》いて　ねんねんよ」

「眠《ねむ》った間《あいだ》にいたずらの
白《しろ》いこぐまが持《も》ってった
ふさのついてる雪《ゆき》ぼうし」
「……………………………」
「あらあらおねむね　おころりよ
およって　しずかにねんねんよ」

作詞／野上彰　　作曲／團伊玖磨

ねむの木《き》の子守《こもり》うた

ねんねの　ねむの木《き》
ねむりの木《き》
そおっとゆすった　その枝《えだ》に
遠《とお》い昔《むかし》の　夜《よ》の調《しら》べ
ねんねの　ねむの木《き》　子守《こもり》うた

うすくれないの　花《はな》の咲《さ》く
ねむの木陰《こかげ》で　ふと聞《き》いた
小《ちい》さなささやき　ねむの声《こえ》
ねんね　ねんねと　歌《うた》ってた

ふるさとの夜《よ》の　ねむの木《き》は
今日《きょう》も歌《うた》って　いるでしょうか
あの日《ひ》の夜《よる》の　ささやきを
ねむの木《き》　ねんねの木《き》　子守《こもり》うた

※皇后陛下が高校時代に作詞なさり、秋篠宮殿下ご誕生を記念して作曲されレコード化されました。著作権は日本肢体不自由児協会に賜与されています。
ゆったりと優しい詩に、静かできれいなメロディーがつけられています。原曲はピアノ伴奏付きです。

作詞／美智子皇后陛下　　作曲／山本正美

ねんねのねむのき ねむりのき
そおっとゆすった そのえだーに
とぉいむかしの よのしーらべ
3
ねんね のねむのき こもりーうーた
うすくれないの はなのさく
ねむのこかげで ふときいた
ちいさなささやき ねむのこえ
ねーんね ねんねとうたってたー
ふるさとの よのねむのきは
きょうもうたって いるでしょうか
あのひのよ るの ささやーきを
3
ねむの きねんねのき こもりーうーた

ブラームスの子守《こもり》うた

作詞／K.Simrock　　日本語詞／武内俊子　　作曲／J.Brahms

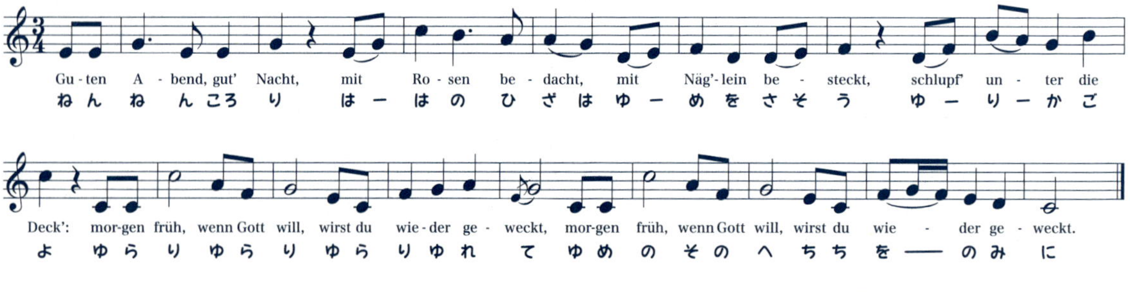
Gu - ten A - bend, gut' Nacht, mit Ro - sen be - dacht, mit Näg'- lein be - steckt, schlupf' un - ter die
ね ん ね ん ころ り は ー は の ひ ざ は ゆ ー め を さ そ う ゆ ー り ー か ご
Deck': mor-gen früh, wenn Gott will, wirst du wie - der ge - weckt, mor-gen früh, wenn Gott will, wirst du wie - der ge - weckt.
よ ゆ ら り ゆ ら り ゆ ら り ゆ れ て ゆ め の そ の へ ち ち を —— の み に

ねんねん　ころり　母《はは》のひざは
夢《ゆめ》をさそう　ゆりかごよ
ゆらり　ゆらり　ゆらり　ゆれて
夢《ゆめ》の園《その》へ　乳《ちち》をのみに

ねんねん　ころり　母《はは》の歌《うた》に
月《つき》ものぼる　夢《ゆめ》の小《こ》みち
ひらり　ひらり　ひらり　ちょうちょう
花《はな》のかげへ　宿《やど》をかりに

※ドイツの作曲家ブラームス（1833～1897）が、知人の出産祝いに贈った子守うたで、「5つの歌曲」の中の第4曲です。日本では「ねむれよあこ…」ではじまる堀内敬三の文語体の訳詞も有名です。（ここでは原曲より音程を低くしてあります。）

フリース作曲《さっきょく》の
モーツァルトの子守《こもり》うた

ねむれよい子《こ》よ　庭《にわ》や牧場《まきば》に
鳥《とり》もひつじも　みんなねむれば
月《つき》は窓《まど》から　銀《ぎん》の光《ひかり》を
そそぐ　この夜《よる》
ねむれよい子《こ》よ　ねむれや

家《いえ》の内外《うちそと》　音《おと》はしずまり
たなのねずみも　みんなねむれば
奥《おく》のへやから　声《こえ》のひそかに
ひびくばかりよ
ねむれよい子《こ》よ　ねむれや

※モーツァルトの没後４年たって発表されたゴトラーの詩に、モーツァルトのファンであったドイツ人の医者フリースが曲をつけたものです。しかし今でも「モーツァルトの子守うた」として世界中で愛唱されています。（ここでは原曲より音程を低くしてあります。）

作詞／ F.W.Gotler　訳詞／堀内敬三　作曲／ B.Flies

Schla - fe, mein Prinz - chen, schlaf' ein! Schät - chen ruh'n und Vö - ge - lein, Gar - ten und Wie - se ver - stummt,
ね む れ よ い こ よ に わ や ま き ば に と り も ひ つ じ も
auch nicht ein Bien - chen mehr summt, Lu - na mit sil - ber - nem Schein gu - cket zum Fen - ster her - ein.
み ん な ね む れ ば つ き は ま ど か ら ぎ ん の ひ か り を
Schla - fe beim sil - ber - nen Schein, Schla - fe mein Prinz - chen, schlaf' ein, schlaf' ein, schlaf' ein!
そ そ ぐ こ の よ る ね む れ よ い こ よ ね む れ ー や ー

シューベルトの子守《こもり》うた

ねむれ　ねむれ　母《はは》の胸《むね》に
ねむれ　ねむれ　母《はは》の手《て》に
こころよき　歌声《うたごえ》に
むすばずや　たのしゆめ

ねむれ　ねむれ　母《はは》の胸《むね》に
ねむれ　ねむれ　母《はは》の手《て》に
あたたかき　その袖《そで》に
つつまれて　ねむれよや

※ドイツの作曲家シューベルト（1797～1828）が19歳の時、4年前に亡くした母への思いを込めて作曲した子守うたです。（ここでは原曲より音程を低くしています。リズムの記譜は原曲通りです。）

ドイツ語詞作者不明　訳詞／内藤濯　作曲／F.Schubert

Schla - fe, schla - fe, hol - der, sü - sser Kna - be, lei - se wiegt dich, deiner Mut - ter Hand;
ねむれねむれ　ははのーむーね　に　ねむれねむれ　ははのーてー　に
sanf - te Ru - he, mil - - - de La - be bringt dir schweb - end die - ses Wie - gen - band.
こころよき　う──たごえ　に　むすばずや　たのしーゆーめ

アイルランドの子守《こもり》うた

トゥラ　ルラ　ルラ
トゥラ　ルラ　リ
トゥラ　ルラ　ルラ
泣《な》かないで
トゥラ　ルラ　ルラ
トゥラ　ルラ　リ
トゥラ　ルラ　ルラ
眠《ねむ》れ　いとし子《ご》

トゥラ　ルラ　ルラ
トゥラ　ルラ　リ
トゥラ　ルラ　ルラ
明日《あした》まで
トゥラ　ルラ　ルラ
トゥラ　ルラ　リ
トゥラ　ルラ　ルラ
眠《ねむ》れ　静《しず》かに

※日本では映画でビング・クロスビーがうたった後、この２番の歌詞だけが、かんたんで覚えやすかったからでしょうか、有名になりました。１番は「幼い頃キラニーで母さんが僕にうたってくれた子守うたを、もう一度聞けるなら…。」と過去を懐かしむ切ない子守うたです。

アイルランド民謡　　作詞・作曲／ J.Shannon

Tu - la lu - la lu - la____ tu - la lu - la li, tu - la lu - la lu - la____ hush now don't you cry____
トゥ ラ ル ラ ル ラ ー トゥ ラ ル ラ リ トゥ ラ ル ラ ル ラ ー な か な い で ー
Tu - la lu - la lu - la____ tu - la lu - la li tu - la lu - la lu - la it's a I - rish Lul - la - by.
トゥ ラ ル ラ ル ラ ー トゥ ラ ル ラ リ トゥ ラ ル ラ ル ラ ね む れ い と し ご

フランスの子守《こもり》うた

月《つき》の雫《しずく》が
キラキラと
窓辺《まどべ》にそそぐ
夜《よる》でした
ちいさなピエロは
おやすみよ
ロウソクともして
おきましょか

※「月の光」という題でも知られるフランスの優しく静かな子守うたです。

フランス民謡　訳詞／田辺和雄

Au clair de la lu - - ne, Mon a - mi, Pier - rot. Prêt - e - moi ta plu - - me, Pour é - crire un mot.
つ き の し すく が キ ラ キ ラ と ま ど べ に そそ ぐ よ る で し た
Ma chan-delle est mor - te, Je n'ai plus de feu; Ou - vre - moi ta por - - te Pour l'a - mour de Dieu.
ち い さ な ピエ ロは お や す み よ ロ ウ ソ ク とも して お き ま しょ か

眠《ねむ》りの精《せい》

（原題：砂の精）

月《つき》の光《ひかり》に
花《はな》も草《くさ》も夢《ゆめ》を追《お》いつつ
うなじたれぬ
声《こえ》をばひそめて枝《えだ》はさやぐ
眠《ねむ》れ眠《ねむ》れ眠《ねむ》れわが子《こ》よ

※ブラームスは、シューマン亡き後、未亡人クララ・シューマンと子どもたちを慰めるために「14の子どものためのドイツ民謡集」を贈りました。この「眠りの精」はその第４曲目で、日本ではこの曲だけがよく知られています。

ドイツ民謡　訳詞／堀内敬三　編曲／ J.Brahms

Die Blü - me-lein sie schla - fen schon läugst im Mon - den - schein, sie ni - cken mit den
つ き の ひ か り に は な ー も く ー さ も ゆ め を お い
Kö - pfen auf ih - ren Sten - ge - lein. Es rüt - telt sich der Blü - hen - baum, er säu - selt wie im
つ つ う な ー じ た ー れ ぬ こ ー え を ば ひ そ め て え ー だ は さ や
Traum: Schla - fe, schla - fe, schlaf' du mein Kin - de - lein!
ぐ ね む れ ね む れ ー ね む れ わ ー が こ よ

発表会で楽しめる わらべうた合奏曲

1 かごめかごめ　2 だるまさんメドレー

歌、小物打楽器、木琴などを組み合わせて作る、わらべうたの合奏アレンジを紹介します。民謡音階でできているわらべうたは、音を自由に重ねることができるのでかんたんに合奏ができます（p.52 参照）。声（Voice）やボディーパーカッション（B.P.）もひとつの楽器と考えて使用しましょう。

演奏の方法　歌のグループと、それぞれの楽器のグループにわかれ（小物、B.P. は Voice と合わせ、2パートを担当）、自分のパートのリズムを指揮に合わせてくり返し演奏する。

小物＝タンブリン、ウッドブロック、テンプルブロック、カスタネット、トライアングルなどの小物打楽器。

B.P.＝ボディーパーカッションの略。手拍子、膝叩き、足踏みなど。

Voice＝音程をつけずにリズムに合わせて唱える。

Xylo＝オルフのアルト木琴
Bass＝オルフのバス木琴
（ない場合は普通の木琴で、使わない音にシールを貼る。※ p.112 参照）

―― ＝休み

合奏曲「かごめかごめ」に使う材料

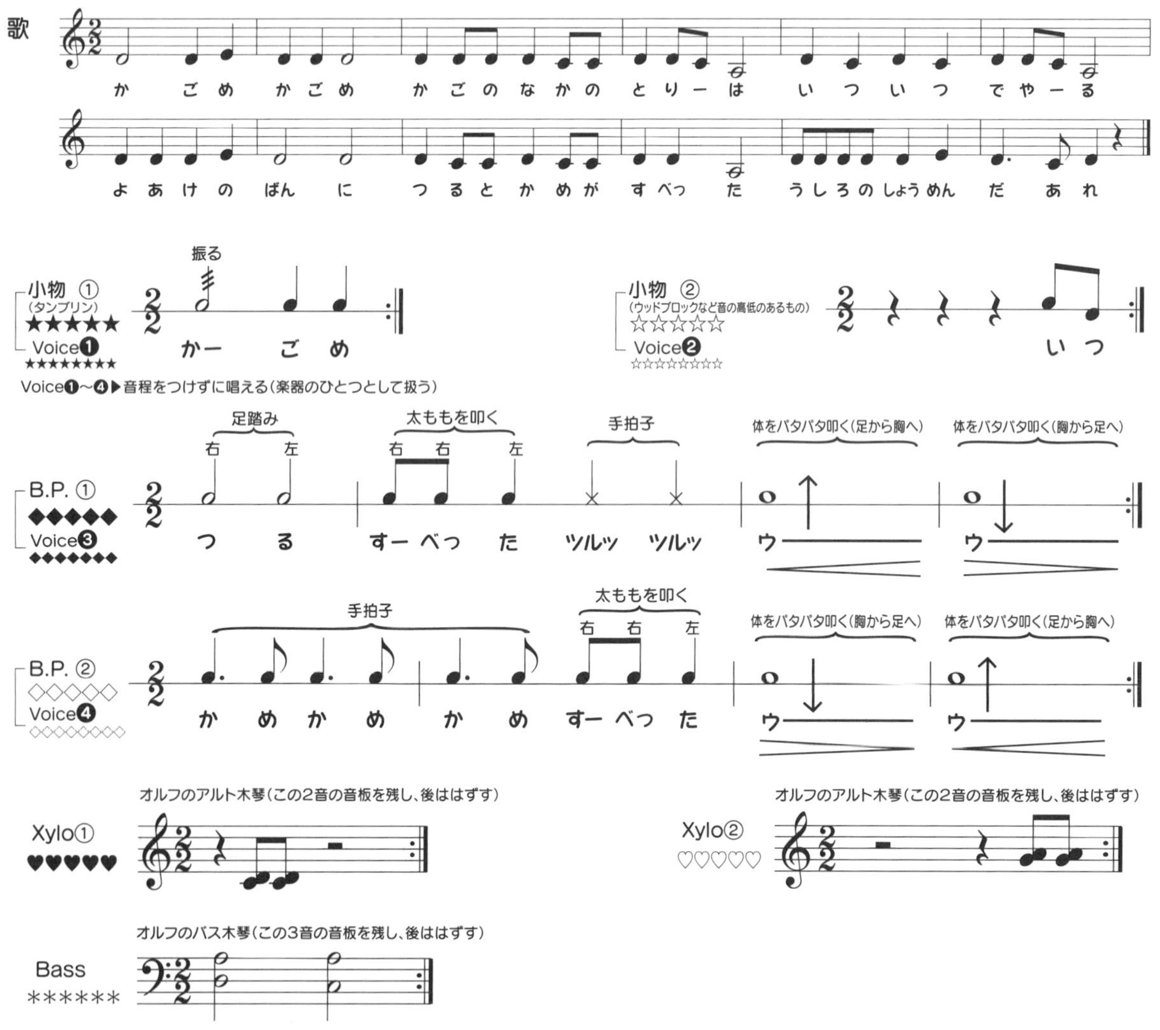

合奏曲「かごめかごめ」

編曲　細田真衣子

歌いやすいはやさで　$\frac{2}{2}$拍子

（前奏）

パート								
歌					かーごめ	かごめ	かごのなかの	とりは
小物① Voice❶ / 小物② Voice❷ / B.P.① Voice❸ / B.P.② Voice❹					♪（歌だけ歌う）かーごめ	かごめ	かごのなかの	とりは
Xylo①			♥♥♥♥♥	♥♥♥♥♥	♥♥♥♥♥	♥♥♥♥♥	♥♥♥♥♥	♥♥♥♥♥
Xylo②			♡♡♡♡♡	♡♡♡♡♡	♡♡♡♡♡	♡♡♡♡♡	♡♡♡♡♡	♡♡♡♡♡
Bass	*****	*****	*****	*****	*****	*****	*****	*****

パート								
歌	いついつ	でやる	よあけの	ばんに	つるとかめが	すべった	うしろのしょうめん	だーあれ
小物① Voice❶ / 小物② Voice❷ / B.P.① Voice❸ / B.P.② Voice❹	♪ いついつ	でやる	よあけの	ばんに	つるとかめが	すべった	うしろのしょうめん	だーあれ
Xylo①	♥♥♥♥♥	♥♥♥♥♥	♥♥♥♥♥	♥♥♥♥♥	♥♥♥♥♥	♥♥♥♥♥	♥♥♥♥♥	♥♥♥♥♥
Xylo②	♡♡♡♡♡	♡♡♡♡♡	♡♡♡♡♡	♡♡♡♡♡	♡♡♡♡♡	♡♡♡♡♡	♡♡♡♡♡	♡♡♡♡♡
Bass	*****	*****	*****	*****	*****	*****	*****	*****

パート								
歌					かーごめ	かごめ	かごのなかの	とりは
小物① Voice❶	★★★★★	★★★★★	★★★★★	★★★★★	★★★★★	★★★★★	★★★★★	★★★★★
小物② Voice❷	☆☆☆☆☆	☆☆☆☆☆	☆☆☆☆☆	☆☆☆☆☆	☆☆☆☆☆	☆☆☆☆☆	☆☆☆☆☆	☆☆☆☆☆
B.P.① Voice❸ / B.P.② Voice❹					♪（歌だけ歌う）かーごめ	かごめ	かごのなかの	とりは
Xylo①	♥♥♥♥♥	♥♥♥♥♥	♥♥♥♥♥	♥♥♥♥♥	♥♥♥♥♥	♥♥♥♥♥	♥♥♥♥♥	♥♥♥♥♥
Xylo②	♡♡♡♡♡	♡♡♡♡♡	♡♡♡♡♡	♡♡♡♡♡	♡♡♡♡♡	♡♡♡♡♡	♡♡♡♡♡	♡♡♡♡♡
Bass	*****	*****	*****	*****	*****	*****	*****	*****

歌	いついつ	でやる	よあけの	ばんに	つるとかめが	すべった	うしろのしょうめん	だーあれ
小物① Voice❶	★★★★★	★★★★★	★★★★★	★★★★★	★★★★★	★★★★★	★★★★★	★★★★★
小物② Voice❷	☆☆☆☆☆	☆☆☆☆☆	☆☆☆☆☆	☆☆☆☆☆	☆☆☆☆☆	☆☆☆☆☆	☆☆☆☆☆	☆☆☆☆☆
B.P.① Voice❸ ♪ B.P.② Voice❹ ♪	(歌だけ歌う) いついつ	でやる	よあけの	ばんに	つるとかめが	すべった	うしろのしょうめん	だーあれ
Xylo①	♥♥♥♥♥	♥♥♥♥♥	♥♥♥♥♥	♥♥♥♥♥	♥♥♥♥♥	♥♥♥♥♥	♥♥♥♥♥	♥♥♥♥♥
Xylo②	♡♡♡♡♡	♡♡♡♡♡	♡♡♡♡♡	♡♡♡♡♡	♡♡♡♡♡	♡♡♡♡♡	♡♡♡♡♡	♡♡♡♡♡
Bass	*****	*****	*****	*****	*****	*****	*****	*****

歌					かーごめ	かごめ	かごのなかの	とりは
小物① Voice❶								
小物② Voice❷								
B.P.① Voice❸	◆◆◆◆◆◆	◆◆◆◆◆◆	◆◆◆◆◆◆	◆◆◆◆◆◆	◆◆◆◆◆	◆◆◆◆◆◆	◆◆◆◆◆◆	◆◆◆◆◆◆
B.P.② Voice❹	◇◇◇◇◇◇	◇◇◇◇◇◇	◇◇◇◇◇◇	◇◇◇◇◇◇	◇◇◇◇◇	◇◇◇◇◇◇	◇◇◇◇◇◇	◇◇◇◇◇◇
Xylo①					♥♥♥♥♥	♥♥♥♥♥	♥♥♥♥♥	♥♥♥♥♥
Xylo②					♡♡♡♡♡	♡♡♡♡♡	♡♡♡♡♡	♡♡♡♡♡
Bass					*****	*****	*****	*****

歌	いついつ	でやる	よあけの	ばんに	つるとかめが	すべった	うしろのしょうめん	だーあれ
小物① Voice❶								
小物② Voice❷								
B.P.① Voice❸	◆◆◆◆◆◆	◆◆◆◆◆◆	◆◆◆◆◆◆	◆◆◆◆◆◆	◆◆◆◆◆◆	◆◆◆◆◆◆	◆◆◆◆◆◆	◆◆◆◆◆◆
B.P.② Voice❹	◇◇◇◇◇◇	◇◇◇◇◇◇	◇◇◇◇◇◇	◇◇◇◇◇◇	◇◇◇◇◇◇	◇◇◇◇◇◇	◇◇◇◇◇◇	◇◇◇◇◇◇
Xylo①	♥♥♥♥♥	♥♥♥♥♥	♥♥♥♥♥	♥♥♥♥♥	♥♥♥♥♥	♥♥♥♥♥	♥♥♥♥♥	♥♥♥♥♥
Xylo②	♡♡♡♡♡	♡♡♡♡♡	♡♡♡♡♡	♡♡♡♡♡	♡♡♡♡♡	♡♡♡♡♡	♡♡♡♡♡	♡♡♡♡♡
Bass	*****	*****	*****	*****	*****	*****	*****	*****

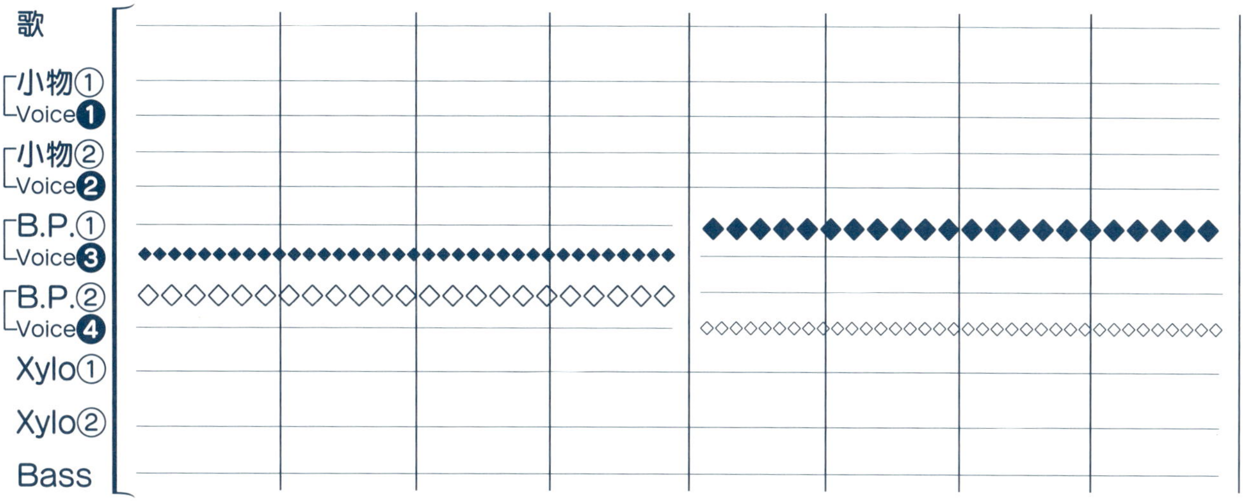
歌
小物①
Voice❶
小物②
Voice❷
B.P.①
Voice❸
B.P.②
Voice❹
Xylo①
Xylo②
Bass

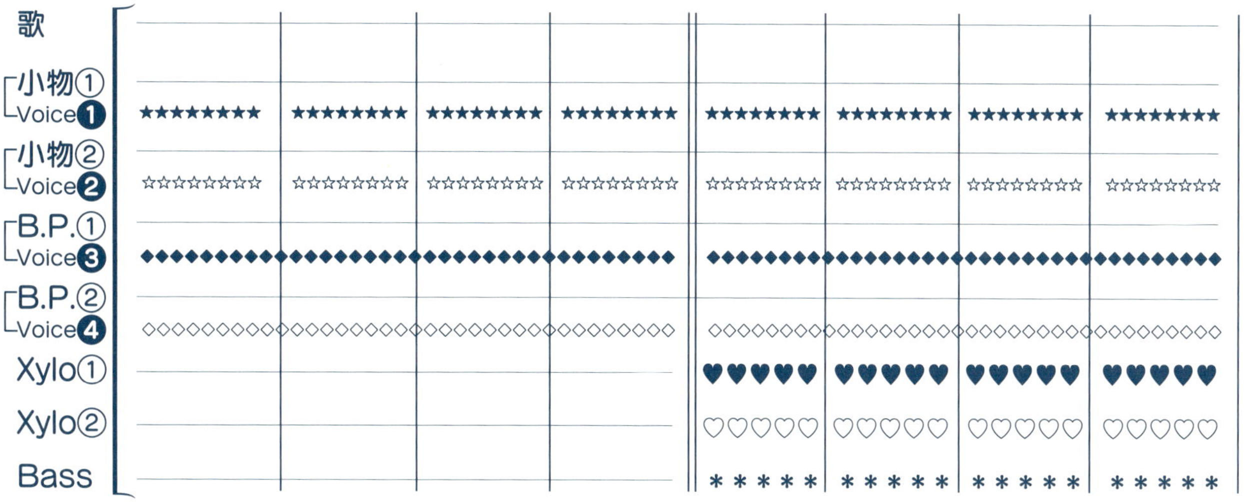
歌
小物①
Voice❶
小物②
Voice❷
B.P.①
Voice❸
B.P.②
Voice❹
Xylo①
Xylo②
Bass

歌
小物①
Voice❶
小物②
Voice❷
B.P.①
Voice❸
B.P.②
Voice❹
Xylo①
Xylo②
Bass
かーごめ
かごめ
かごのなかの
とりは
いついつ
でやる
よあけの
ばんに

					（後奏）			
歌	つるとかめが	すべった	うしろのしょうめん	だあれ				
小物① Voice❶	★★★★★	★★★★★	★★★★★	★★★★★	★★★★★	★★★★★		
小物② Voice❷	☆☆☆☆☆	☆☆☆☆☆	☆☆☆☆☆	☆☆☆☆☆	☆☆☆☆☆	☆☆☆☆☆		
B.P.① Voice❸	◆◆◆◆◆◆	◆◆◆◆◆◆	◆◆◆◆◆◆	◆◆◆◆◆				
B.P.② Voice❹	◇◇◇◇◇◇	◇◇◇◇◇◇	◇◇◇◇◇◇	◇◇◇◇◇				
Xylo①	♥♥♥♥♥	♥♥♥♥♥	♥♥♥♥♥	♥♥♥♥♥	♥♥♥♥♥	♥♥♥♥♥	♥♥♥♥♥	♥♥♥♥♥
Xylo②	♡♡♡♡♡	♡♡♡♡♡	♡♡♡♡♡	♡♡♡♡♡	♡♡♡♡♡	♡♡♡♡♡	♡♡♡♡♡	♡♡♡♡♡
Bass	＊＊＊＊＊	＊＊＊＊＊	＊＊＊＊＊	＊＊＊＊＊	＊＊＊＊＊	＊＊＊＊＊	＊＊＊＊＊	＊＊＊＊＊

歌			うしろのしょうめん	だあれ
小物① Voice❶		（歌う）♪うしろのしょうめん	だあれ	
小物② Voice❷		♪うしろのしょうめん	だあれ	
B.P.① Voice❸	（歌う）♪うしろのしょうめん	だあれ		
B.P.② Voice❹	♪うしろのしょうめん	だあれ		
Xylo①			（歌う）♪うしろのしょうめん	だあれ
Xylo②			♪うしろのしょうめん	だあれ
Bass	＊＊＊＊＊	＊＊＊＊＊		

舞台で行う場合のポジション

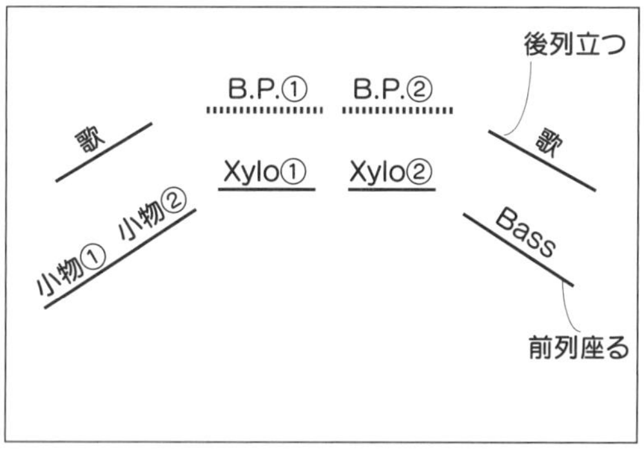

後列立つ
B.P.①
B.P.②
歌
Xylo①
Xylo②
歌
小物①
小物②
Bass
前列座る

【オルフ木琴について】

カール・オルフ（独 1895~1982）は、「カルミナブラーナ」の作曲で有名な作曲家、音楽教育家で、子どものための音と動きの教育の考え方を示しました。彼の考えた音楽教育実践の中で使うため工夫された楽器群をオルフ楽器と言います。その中心となるのが木琴で、中でもわらべうたをうたう音域に近いものがアルト木琴です。オルフ木琴には次のような特徴があります。

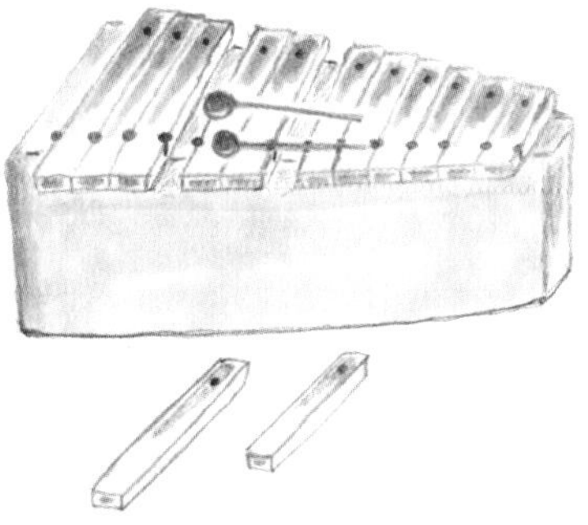

- 使う音板だけ残して使わないものをはずせる。→安心して演奏できる。
- 共鳴箱がついていて音がよく響く。→子どもだからこそいい音をという考えから。
- 1台の音域が1オクターブ半くらいと狭い。→かんたんな旋律を演奏するのに最適。

＊日本でも製作販売され、ドイツからの輸入品もあります。
＊オルフ教育についての詳細は日本オルフ音楽教育研究会　http://wwwsoc.nii.ac.jp/orff/　Email : orffjapan@yahoo.co.jp

合奏曲「だるまさんメドレー」に使う材料

歌

▶だるまさん

だるまさん　だるまさん　にらめっこ　しましょ　わらうと　まけよ　あっ　ぷっ　ぷっ

▶おちゃらかホイ

おちゃらか　おちゃらか　おちゃらか　ホイ　おちゃらか
かったよ
まけたよ
どうじで
おちゃらか　ホイ

▶おしくらまんじゅう

おしくら　まんじゅう　おされて　なくな

小物①
(トライアングル)
★★★★★
Voice❶
★★★★★★★★

シュ――(息の音で)

小物②
(カスタネット)
☆☆☆☆☆
Voice❷
☆☆☆☆☆☆☆☆

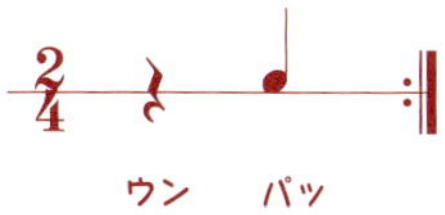
ウン　パッ

Voice❶～❹▶音程をつけずに唱える(楽器のひとつとして扱う)

B.P.①
◆◆◆◆◆
Voice❸
◆◆◆◆◆◆◆◆

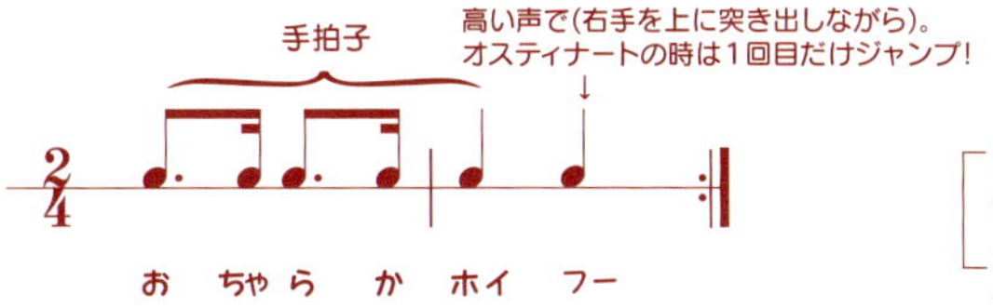
手拍子
高い声で(右手を上に突き出しながら)。
オスティナートの時は1回目だけジャンプ!
お　ちゃ ら　か　ホイ　フー

B.P.②
◇◇◇◇◇
Voice❹
◇◇◇◇◇◇◇◇

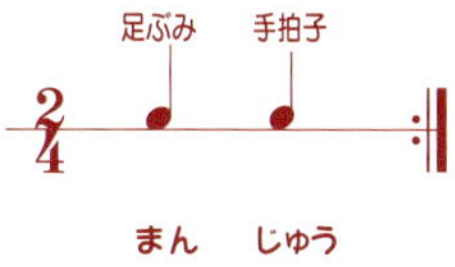
足ぶみ　手拍子
まん　じゅう

Xylo①～④▶オルフのアルト木琴(必要な音板を残し、後ははずす)

Xylo①
♥♥♥♥♥

Xylo②
♡♡♡♡♡

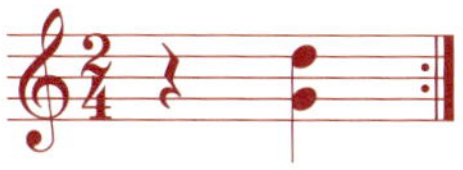

Xylo③
●●●●●

Xylo④
○○○○○

オルフのバス木琴(この2音の音板を残し、後ははずす)

Bass
******

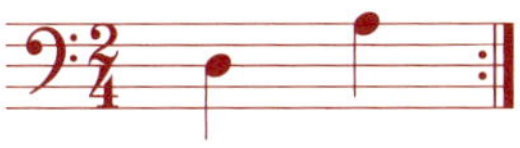

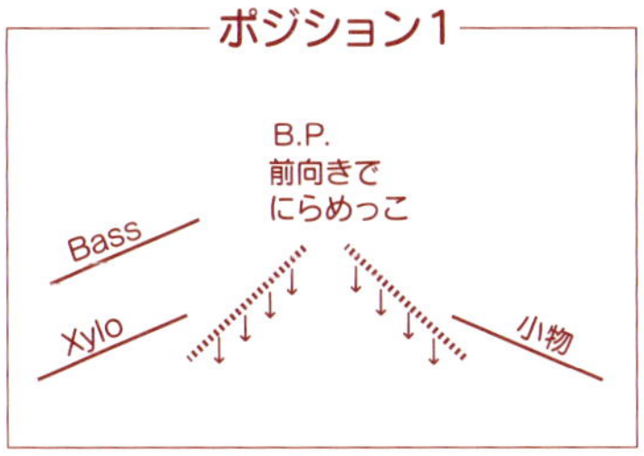
ポジション1
B.P.
前向きで
にらめっこ
Bass
Xylo
小物

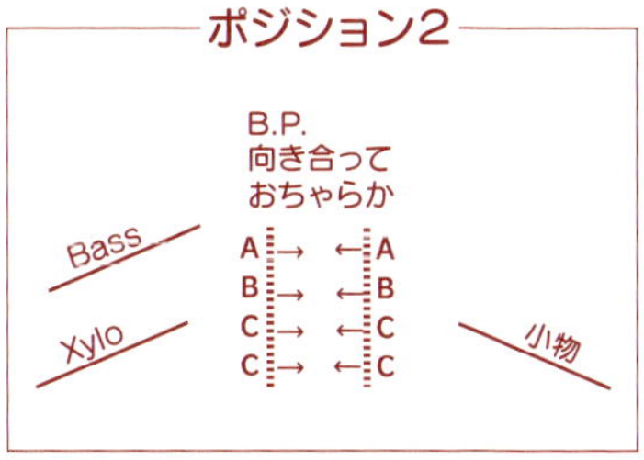
ポジション2
B.P.
向き合って
おちゃらか
Bass
Xylo
A
B
C
C
A
B
C
C
小物

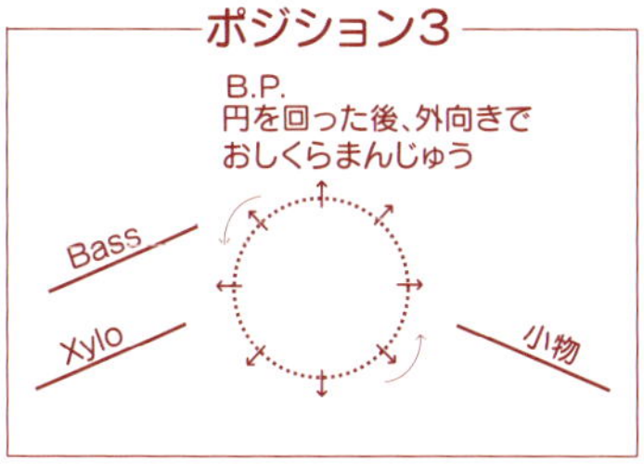
ポジション3
B.P.
円を回った後、外向きで
おしくらまんじゅう
Bass
Xylo
小物

ポジション4－①

「おしくらまんじゅう」の最後と「だるまさん」は内向き。

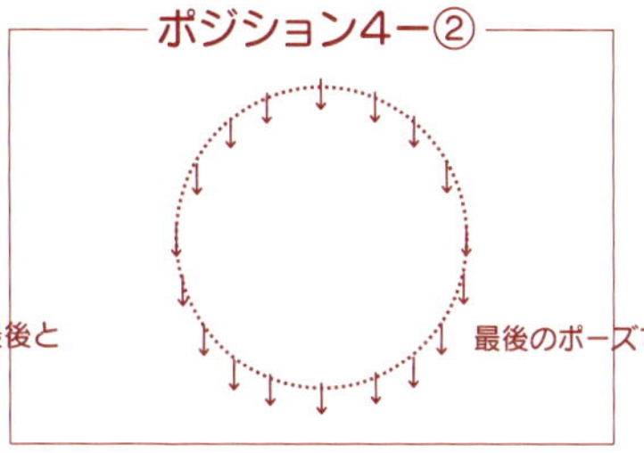
ポジション4－②

最後のポーズで全員正面向きになる。

合奏曲「だるまさんメドレー」

編曲　細田真衣子

歌いやすいはやさで $\frac{2}{4}$ 拍子

（前奏）
はじめる前に先生が
木琴で弾く。

※鍵盤ハーモニカやピアノでもよい。
歌いはじめの音程をとり、はやさを決めるために行う。

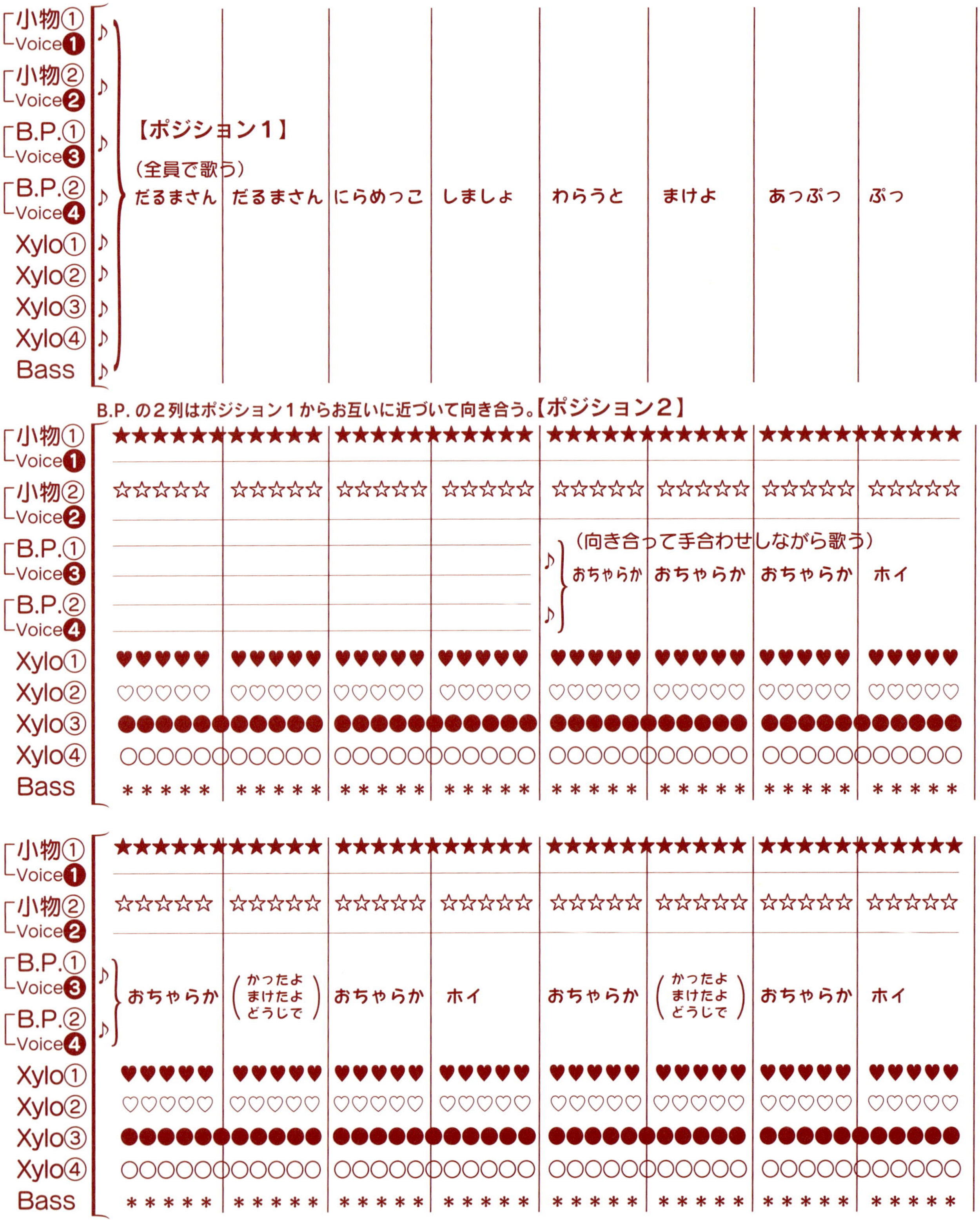
小物①
Voice❶
小物②
Voice❷
B.P.①
Voice❸
B.P.②
Voice❹
Xylo①
Xylo②
Xylo③
Xylo④
Bass
【ポジション１】
（全員で歌う）
だるまさん　だるまさん　にらめっこ　しましょ　わらうと　まけよ　あっぷっ　ぷっ
B.P. の２列はポジション１からお互いに近づいて向き合う。【ポジション２】
（向き合って手合わせしながら歌う）
おちゃらか　おちゃらか　おちゃらか　ホイ
おちゃらか　（かったよ　まけたよ　どうじで）　おちゃらか　ホイ　おちゃらか　（かったよ　まけたよ　どうじで）　おちゃらか　ホイ

B.P.①と②を ABC の３グループにわけておく（ポジション２図参照）。

本来音を出す人も全員そろえて休む。

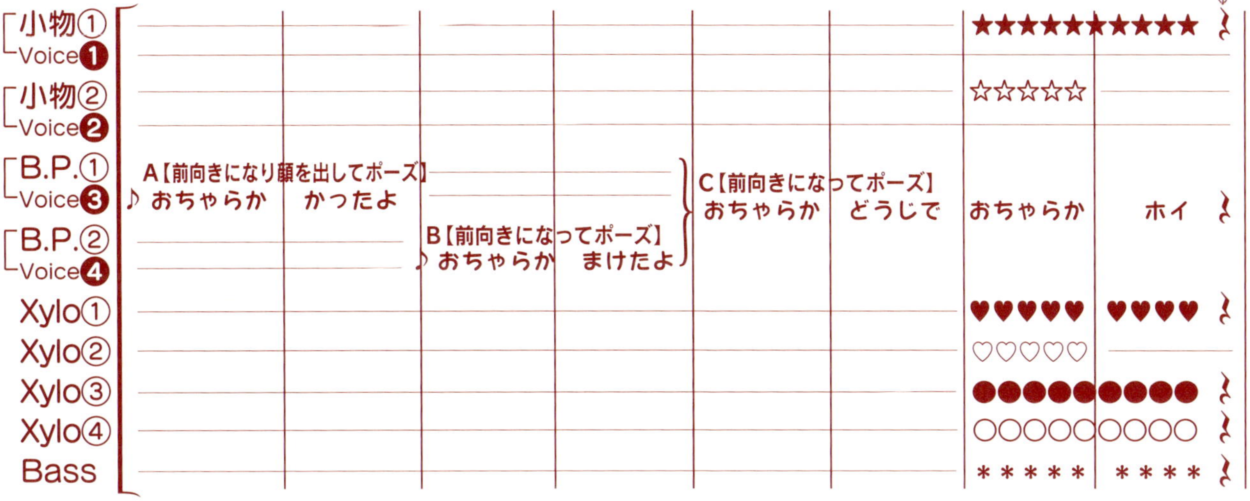

小物①
Voice❶
小物②
Voice❷
B.P.①
Voice❸
B.P.②
Voice❹
Xylo①
Xylo②
Xylo③
Xylo④
Bass
A【前向きになり顔を出してポーズ】
♪ おちゃらか　かったよ
B【前向きになってポーズ】
♪ おちゃらか　まけたよ
C【前向きになってポーズ】
おちゃらか　どうじで
おちゃらか　ホイ

B.P. は Voice と B.P. を両方同時に行いながら【ポジション３】を作る。

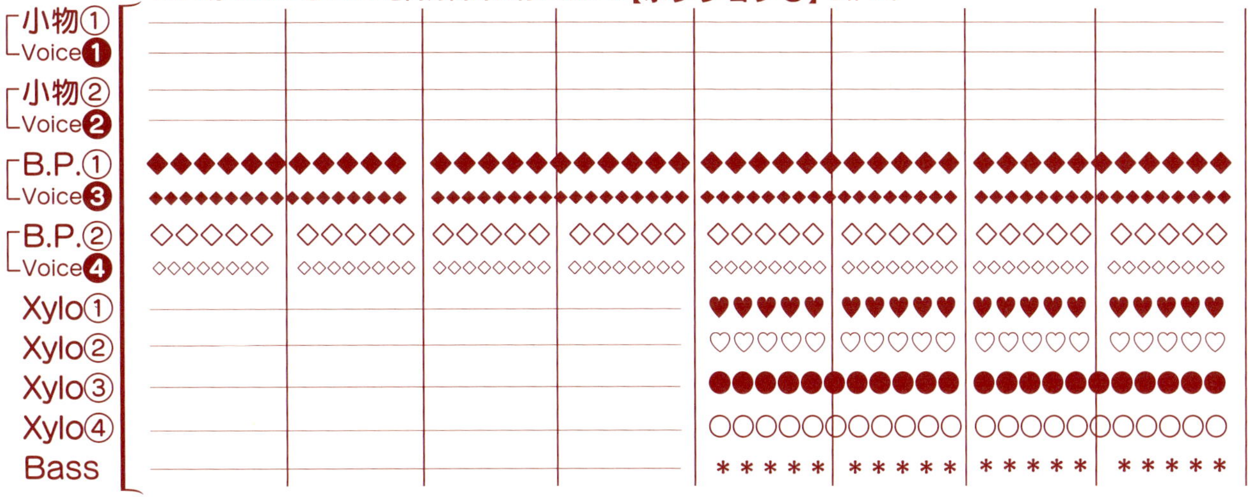

小物①
Voice❶
小物②
Voice❷
B.P.①
Voice❸
B.P.②
Voice❹
Xylo①
Xylo②
Xylo③
Xylo④
Bass

【ポジション３】

ここで小物①②は打楽器を足元に置く。

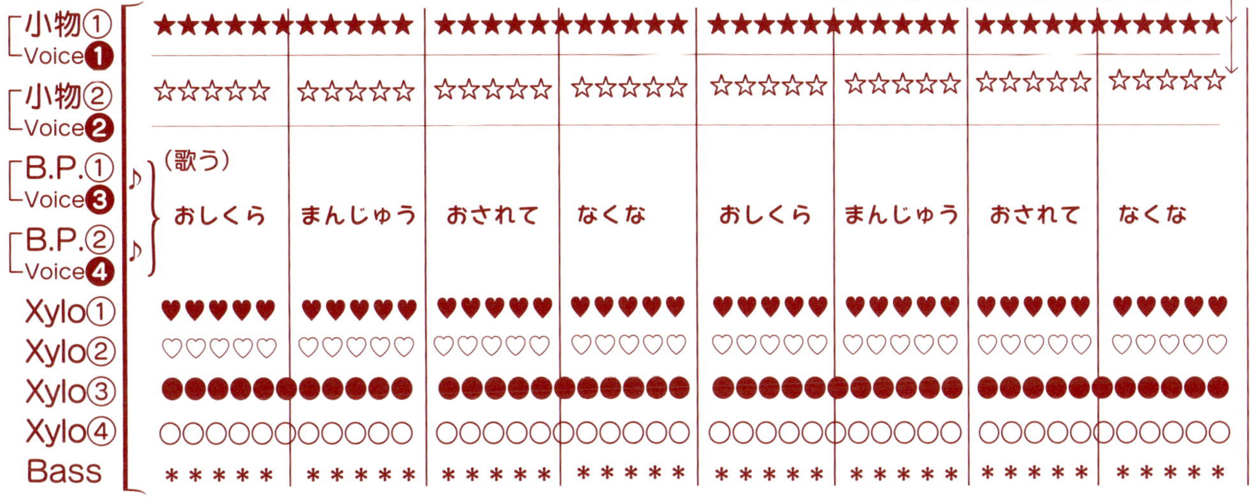

小物①
Voice❶
小物②
Voice❷
B.P.①
Voice❸
B.P.②
Voice❹
Xylo①
Xylo②
Xylo③
Xylo④
Bass
（歌う）
おしくら　まんじゅう　おされて　なくな　おしくら　まんじゅう　おされて　なくな

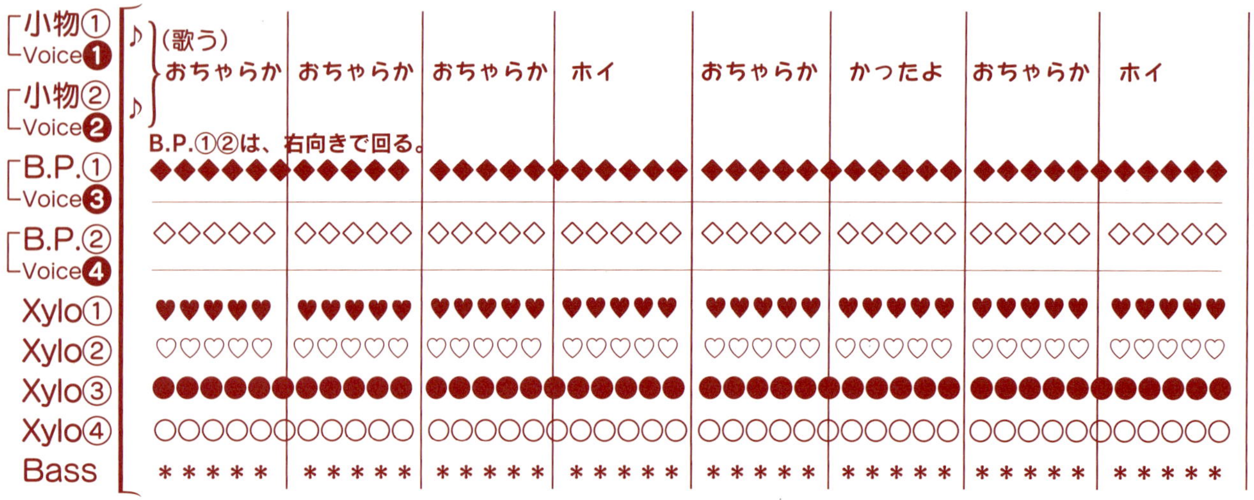
小物①
Voice❶
小物②
Voice❷
(歌う)
おちゃらか
おちゃらか
おちゃらか
ホイ
おちゃらか
かったよ
おちゃらか
ホイ
B.P.①②は、右向きで回る。
B.P.①
Voice❸
B.P.②
Voice❹
Xylo①
Xylo②
Xylo③
Xylo④
Bass

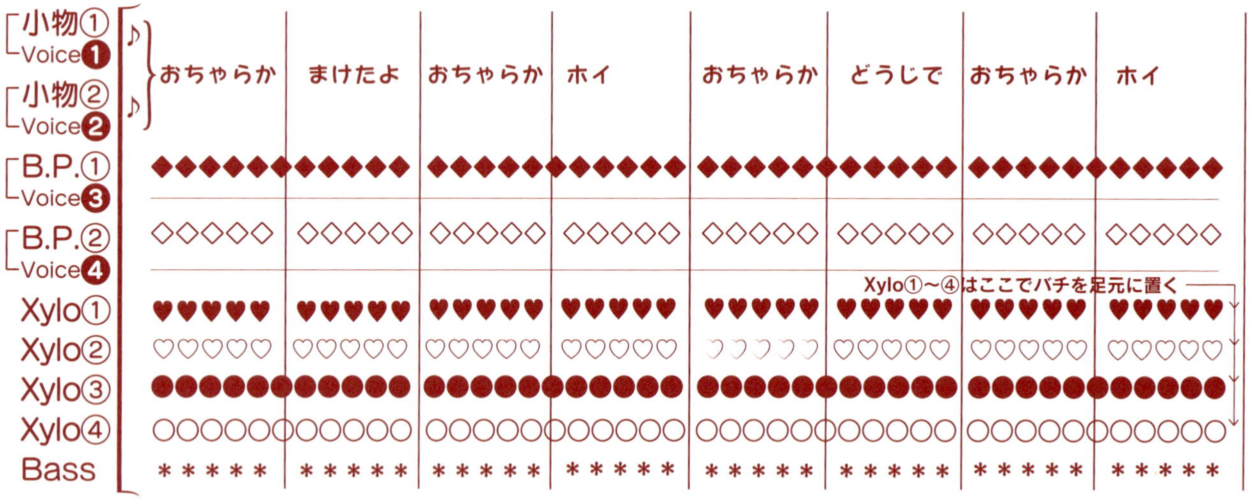
小物①
Voice❶
小物②
Voice❷
おちゃらか
まけたよ
おちゃらか
ホイ
おちゃらか
どうじで
おちゃらか
ホイ
B.P.①
Voice❸
B.P.②
Voice❹
Xylo①～④はここでバチを足元に置く
Xylo①
Xylo②
Xylo③
Xylo④
Bass

小物は Voice①②のみを行いながら B.P. の円まで歩いて行く。B.P. も Voice のみ。Xylo①～④も円まで歩いていく。

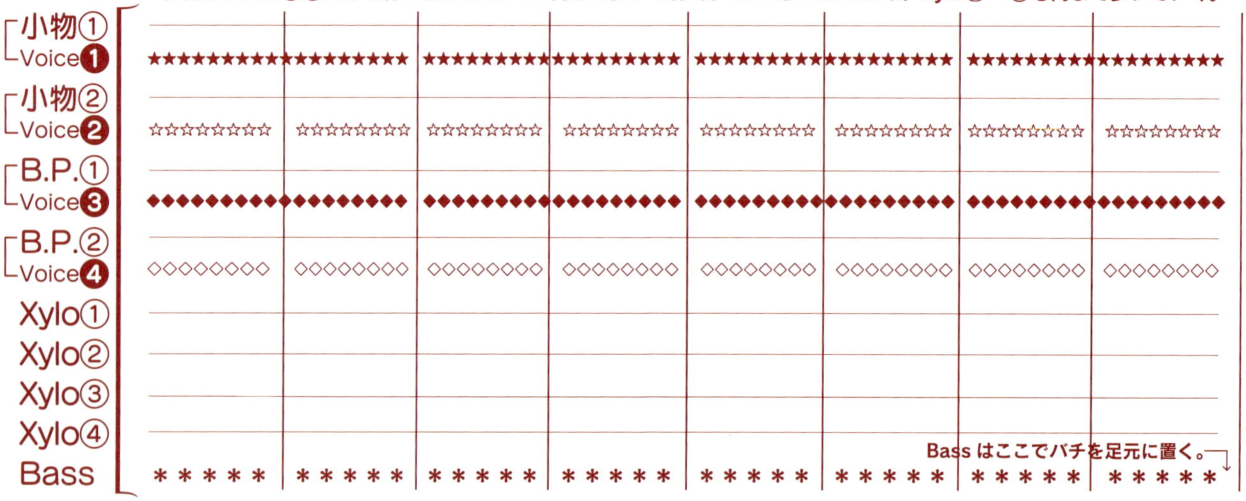
小物①
Voice❶
小物②
Voice❷
B.P.①
Voice❸
B.P.②
Voice❹
Xylo①
Xylo②
Xylo③
Xylo④
Bass はここでバチを足元に置く。
Bass

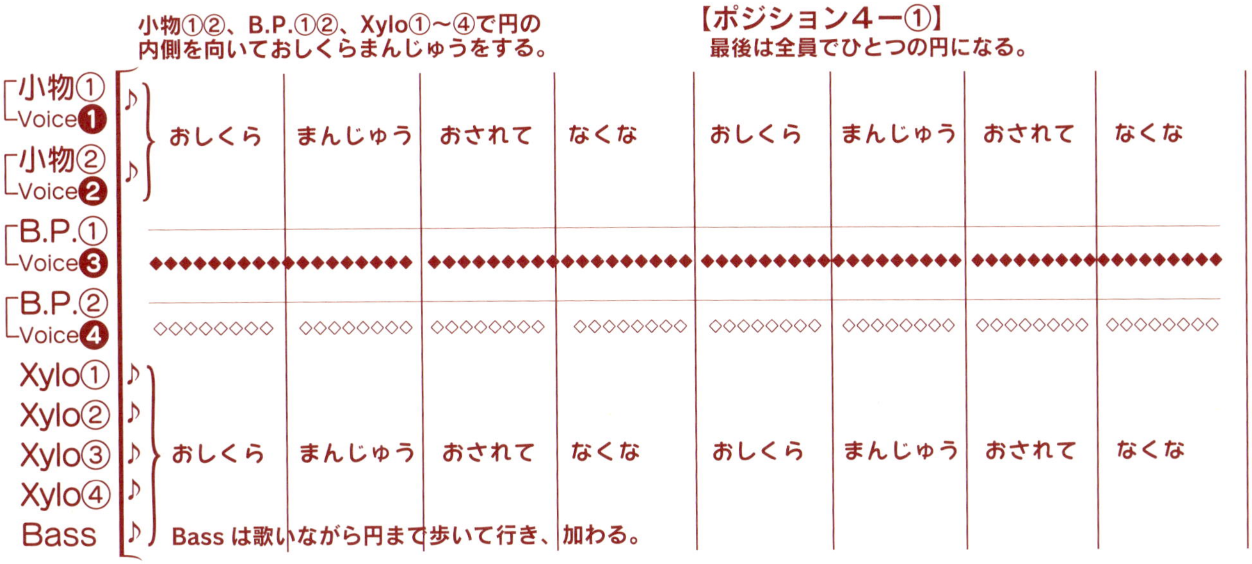

小物①②、B.P.①②、Xylo①～④で円の
内側を向いておしくらまんじゅうをする。
【ポジション４ー①】
最後は全員でひとつの円になる。
小物①
Voice❶
小物②
Voice❷
B.P.①
Voice❸
B.P.②
Voice❹
Xylo①
Xylo②
Xylo③
Xylo④
Bass
おしくら
まんじゅう
おされて
なくな
おしくら
まんじゅう
おされて
なくな
おしくら
まんじゅう
おされて
なくな
おしくら
まんじゅう
おされて
なくな
Bass は歌いながら円まで歩いて行き、加わる。

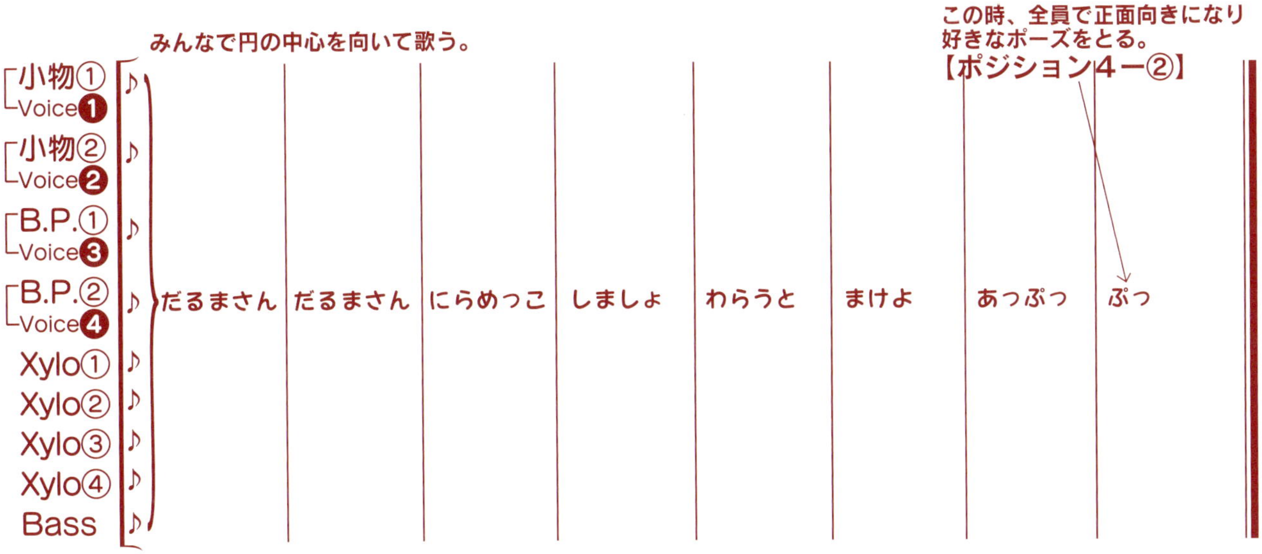

みんなで円の中心を向いて歌う。
この時、全員で正面向きになり
好きなポーズをとる。
【ポジション４ー②】
小物①
Voice❶
小物②
Voice❷
B.P.①
Voice❸
B.P.②
Voice❹
Xylo①
Xylo②
Xylo③
Xylo④
Bass
だるまさん
だるまさん
にらめっこ
しましょ
わらうと
まけよ
あっぷっ
ぷっ

【創作のポイント】

- 好きなパートから少しずつやってみましょう。
  ここに書いてある楽譜は一例です。すべてこの通りにやらなくてもいいのです。子どもたちが気に入ったところがあれば、その部分をくり返してもいいし、逆にはぶく部分があってもいいのです。パートも多すぎると感じたら省略してください。
- ひとつのパートはひとつのことをくり返す、それを組み合わせるだけでできる楽しい合奏です。
- 舞台上のポジションなども、ご紹介した図を参考に、自由に考え、作り出してください。

❖遊び方❖分類さくいん

1人

1人で遊べる

2人

2人で遊べる

集団

集団で遊ぶ

手・指

手遊び・指遊び・手合わせ遊び

あやし

あやし遊び

顔

顔を使った遊び

全身

全身を使う遊び

輪

輪になって遊ぶ

じゃんけん

じゃんけんをする遊び

まりつき

まりつき遊び

劇

劇のように遊ぶ

まねっこ

まねっこして遊ぶ

数

数えて遊ぶ

唱え

唱えて遊ぶ

鬼決め

鬼決め遊び

Profile

細田淳子

東京家政大学教授、日本オルフ音楽教育研究会代表。
大学では音楽表現の授業を担当。愛称〝ほそじゅん〟。昼休みには「音程がとれない」「声が出ない」といった悩みを持つ学生と向き合い、〝わらべうた〟を使った指導で解決に導いている。子どもたちに笑顔が広がることを願い、今日も保育者のたまごと共にはりきってうたいます！

■主な著書
『わくわく音遊びでかんたん発表会』鈴木出版
『子どものための108曲　自然をうたおう！』鈴木出版
『新ピアノに強くなる曲集』共著　チャイルド本社
『新保育講座11 保育内容「表現」』共著　ミネルヴァ書房

うたい聞かせのできるわらべうた絵本があったらいいなあ
手合わせ遊びのまとまっている本はないのかなあ
子守りうたのたくさん入った本もほしいなあ…という3つの夢がまとまって本書が誕生しました。たごもりさんの夢のある絵を、山縣さんのデザインで素敵にまとめていただき感謝しています。　細田淳子

イラスト
たごもりのりこ

骨董屋をへて、絵本作家、イラストレーターとなる。幼少期にわらべうた教室に通い、一時期、SP盤の童謡レコードを集めていたこともある。

■主な著書
絵本『どうぶつどどいつドーナッツ』共著　鈴木出版
絵本「ばけばけ町シリーズ」岩崎書店
狂言絵本『そらうで』共著　講談社
挿絵『ぼくんち戦争』ポプラ社

カバーデザイン　森近恵子（アルファデザイン）
イラスト　たごもりのりこ
編集・デザイン・楽譜浄書　山縣敦子

参考文献
：「日本わらべ歌全集」柳原書店
：『日本のわらべうた』尾原昭夫／著　社会思想社

子どもに伝えたい　**わらべうた 手合わせ遊び 子守うた**

2009年6月30日　初版第1刷発行
2021年2月15日　初版第6刷発行

著　者　細田淳子
発行人　西村 保彦
発行所　鈴木出版株式会社
〒101-0051　東京都千代田区神田神保町2-3-1
岩波書店アネックスビル5F
TEL.03-6272-8001　FAX.03-6272-8016
振替　00110-0-34090
鈴木出版ホームページ
◆http://www.suzuki-syuppan.co.jp/
印刷所　図書印刷株式会社

ISBN978-4-7902-7215-1　C2037

日本音楽著作権協会（出）許諾第0906031-106号